梦 山 书 系

"梦山"位于福州城西，与西湖书院、林则徐读书处"桂斋"连襟相依，梦山沉稳、西湖灵动、桂斋儒雅。梦山集山水之气韵，得人文之雅操。福建教育出版社正坐落于西湖之畔、梦山之下，集五十余年梓行之内蕴，以"立足教育、服务社会、开智启蒙、惠泽生命"为宗旨，将教育类读物出版作为肩上重任之一，教育类读物自具一格，理论读物品韵秀出，教师专业成长读物春风化雨。

"梦"是理想、是希望，所谓"梦想成真"；"山"是丰碑，是名山事业。"积土成山，风雨兴焉"，我们希望通过点点滴滴的辛勤积累，能矗起教育的高山；希望有志于教育的专家、学者能鼓荡起教育改革的风雨。

"梦山书系"力图集教育研究之菁华，成就教育的名山事业之梦。

梦山书系

童小谣 ◎ 著

与童心相契
——童小谣教育笔记

海峡出版发行集团
福建教育出版社

图书在版编目（CIP）数据

与童心相契：童小谣教育笔记/童小谣著.—福州：福建教育出版社，2015.4
　ISBN 978-7-5334-6754-8

　Ⅰ.①与…　Ⅱ.①童…　Ⅲ.①教育—文集　Ⅳ.①G4-53

中国版本图书馆CIP数据核字（2015）第027406号

与童心相契
　　——童小谣教育笔记
童小谣　著

出版发行	海峡出版发行集团
	福建教育出版社
	（福州梦山路27号　邮编：350001　网址：www.fep.com.cn）
	编辑部电话　0591—83726908
	发行部电话　0591—83721876　87115073　010—62027445）
出版人	黄　旭
印　刷	福州万达印刷有限公司
	（福州市仓山区橘园洲工业园仓山园19号楼　邮编：350002）
开　本	720毫米×1000毫米　1/16
印　张	11.25
字　数	160千
插　页	1
版　次	2015年4月第1版　2015年4月第1次印刷
书　号	ISBN 978-7-5334-6754-8
定　价	24.00元

如发现本书印装质量问题，影响阅读，
请向本社出版科（电话：0591—83726019）调换。

序一

小谣版教育诗

王元涛

私下里，一直觉得，教师应该是太阳底下最艰苦的工作，因为这份工作，总要与自己以及学生的天性展开短兵相接式的搏斗。想想吧，偷懒多么舒服，马虎多么容易，得过且过又是多么的不费气力啊。因此，对于真正的好教师，我素来心怀敬佩，他们经常能做到严以律己，又严以待人；他们率先垂范，同时又苦口婆心。我有时会想，他们的血液里，是不是有一种特殊的优秀基因，在一代一代神秘地流传。

当然，我也从不相信，一个坏教师，真的会毁掉学生的一生。尽管报章杂志上，时常可以读到这类控诉的个案。我的信念是：一个人，如果不自毁，那么就没人可以毁掉你，无论是肉体的侵犯，还是灵魂的摧残。但是，凭个人经历，我却了解，一个好教师，足以在生命中的某个寒冬温暖我的趾头，给我脚踏实地向上向善的力量。下坡路好走，有时候，的确需要噩梦中的一声轻唤，让我们在悬崖的边缘猛然醒过神来。

我相信，或者说我知道，童小谣，就是这样一位好教师。如果读过她的作品，哪怕只是其中的一篇，你也可能会马上认同我的判断。

童小谣的作品，以她与学生间的故事为主要内容，洁净、透明，极具启示性。对我而言，印象最深的，是她笔下的几个淘小子。逃课、打架、自暴自弃、玩游戏、弃学，最终游荡于社会边缘。他们未来人生的路都不好走，这是可以想像的。真实而且残酷。童小谣也知道，这一切，都不是她所能改变的。她叹息、流泪、规劝，这些都没有用。在她之外，日夜环绕着孩子们的，有离异的父母，有破碎的家庭，有光怪陆离的社会，其背后，则深藏着物质与精神的双重贫困，以及那难以摆脱又神秘莫测的命运。

　　我从来不是一个教育万能论者，有时，甚至怀疑学校教育的作用与意义。苏联教育家马卡连柯的《教育诗》曾经深深地震撼过我，不是因为马卡连柯为那些工读学校的坏小子们做过什么，而是因为马卡连柯在付出全部心血之后坦然承认：并非所有的人都可能得到拯救，有些人，注定要走上犯罪与沉沦的路，这是他们的宿命。这种宿命，甚至可能基于他们自身的生理构造，因此，其力量已远远强过了他的以及他们的意志。

　　因此，童小谣在讲述她与学生间的故事时，我就能格外理解她的痛楚。这种痛楚，深深地包含着爱、宽容，以及真挚，它们像麦粒一样朴实饱满，散发着天然的香气与光泽。同时，我也相信，这种痛楚，早已为她的学生们所铭记，并将成为他们艰难生存挣扎中一条醒目的底线。仅凭这一点，就已保证了这本童小谣版教育诗所具有的价值。

　　我知道，虚构不是童小谣的长项，因此，她的写作一直显得辛苦，因为生活本身往往平凡简单，想要从中开掘出趣味与意义，当然非下一番苦功不可。对她而言，往往是先要用自己的行动感动自己，然后才会有真实而愉悦的书写。这是一种自我燃烧的行为，是一种涅槃般的自我净化与陶醉。我常常想，有机会，一定要去看看童小谣和她的学生们。拟想一下，五十几名懵懂少年呼啸着扑向她的场面，该是何等的壮观！

　　（王元涛，自由作家，资深媒体人，曾任吉林《青年月刊》主编，韩国孔子学院讲师，任韩国《亚洲经济》报中文版总编辑，现任深圳《时代商家》总编辑）

序二

一面初生的雪墙，该如何描画

黄　大

小谣老师给我发微信时，我正在医院的产房外等候，我们聊着这本书和这篇序言，我说最近要写的东西很多，我可以把你的放在前面。不过计划没有变化快，还没等我动笔，儿子先出生了。

我知道小谣老师的儿子小崔是她的幸福、开心和骄傲，也正是因为她是一个十几岁孩子的母亲，所以小谣才更懂得父母的心和对孩子的爱，因此更能够站在父母与孩子的角度，去思考教育的问题。

"教育笔记"是小谣博客"雪的墙"上我最喜欢看的栏目，经常边看边回想当年我做老师时，遇到这些情况和问题是如何处理解决的，比较之下就觉得自己当初的方式方法，实在让人汗颜，本以为是好意，或许已经伤害到了一个孩子的心灵，结果事与愿违。同时也为小谣的学生庆幸，为小谣的教育方式点赞。

小谣在教育笔记中，提到过几次学生偷拿同学东西的事情，她没有简单粗暴的处理，而是用做"游戏"的方式轻松圆满解决，既找到了东西，又让孩子认识了错误，同时更没有伤到自尊心。如果当年我遇到这样的事儿，十有八九会大动干戈，一定要查出这个孩子和偷的东西，然后各种批评教育、找家长，甚至会让学校对他处分。我们以为这样做了，这个孩子从此以后就会改过自新，就不会再发生类似的事情了，同时，我们的教育模式通常也觉得这样做是对的，回想下自己的周围，类似往事历历在目，而且不只是对待小孩子。可是，所谓偷东西的坏孩子，最后真的被我们用这样的方式，教育成了好孩子了吗？

坏孩子与好孩子，是我们一直以来的一种划分标准，有的学校甚至把所谓的好学生和坏学生，分在了不同的班级。但是小谣老师却认为，好与坏的这样界定，对孩子就是一种不公平。在小谣眼里，他们都是好孩子，都是纯真少年，只是他们遇到了这样或那样的问题，需要她来这样或那样的引导，因为她的一句话、一个褒奖或者否定，都会从小影响他们的未来。

想起小时候一次去同学家玩耍，看到桌上一把精美铜尺子很喜欢，就偷偷揣进兜里带回了家，第二天同学找到我，说，我家有把尺子找不到了，我妈说是不是昨天你们谁拿着玩，不小心随手给扔在哪了？我当时脸就红了，不好意思地说我拿着玩揣起来给忘了，然后从兜里掏出尺子给了同学。如果当初同学的母亲找到学校，说昨天谁谁到过家里玩，结果铜尺子丢了，可想而知老师将会如何处理，毕竟她不是小谣，或者说，同学的母亲颇有些像如今的小谣，于当年的我、于小谣如今的学生，是何等的幸运和幸福啊。

幸福与激动的时刻，莫过于第一眼见到护士从产房抱出刚刚出生的儿子。小谣打来电话祝福，说以前很少跟你聊孩子，是因为你还没有，也许不会理解父母的心情，现在应该能够懂了，因为你也有了自己的孩子。

说到孩子，小谣的这本书也可以说是她的一个"孩子"，从当初的计划、孕育到如今终于出版，可想而知她此刻的开心与幸福，所以当你翻阅小谣这本新作的那一刻，就如同与她的心灵在对话沟通。

"心灵教育应该放在第一位"。小谣一直认为，首先要和孩子沟通，懂得他们的心理，做他们的妈妈、朋友，最后才是老师。按小谣的话来说，她的心中，班里的孩子始终是排在第一位的。在孩子身上找到快乐，让她更拥有了一种成就感。

2015年2月13日午夜　北京

（黄大，自由撰稿人，现居北京。曾混迹于广告传播行业十数年，并出版随笔集《一个广告人的江湖》。目前致力于红茶文化的普及，编著出版了《第一次品红茶就上手》）

目　录

第一章　我的班级我的家
——小谣老师身边的故事

(一)孩子们的故事 ·················· 1
1. 小宣的故事 ·················· 1
2. 小大人 ······················ 3
3. 你比瓶子好看多了 ············ 4
4. 受宠若惊 ···················· 5
5. 王郡瑶 ······················ 5
6. 公开课 ····················· 10
7. 班会 ······················· 10
8. 最美 ······················· 16
9. 小牧的故事 ················· 16
10. 拥抱 ······················ 20
11. 一呼百应 ·················· 21
12. 我的学生我的兵 ············ 22
13. 蒙了 ······················ 25
14. 刘浩宇 ···················· 25

15. 杨子 …… 26

16. 王雪晴 …… 28

17. 小井 …… 29

18. 小惠的心 …… 31

(二) 家长们的故事 …… 33

1. "绑架" …… 33

2. 比小斌更让人挠头的,是他的妈妈 …… 34

3. 妈妈的心 …… 36

4. 求表扬 …… 38

5. 和家长沟通的艺术 …… 40

6. 细节决定方向 …… 42

7. 由孩子玩电脑想到的 …… 44

8. 严厉要不要 …… 46

9. 借钱 …… 47

(三) 同事们的故事 …… 49

1. 同事的烦恼 …… 49

2. 小议《河豚之死》 …… 51

3. 由黄大家三只猫想到的 …… 52

4. 活儿,都是给自己干的 …… 54

5. 山子 …… 56

6. 那一片天空,那一片海 …… 57

(四)我的故事 ·· 58

1. 游戏 ·· 58
2. 说说"奖励" ·· 60
3. 刻在心头的一道伤疤 ····························· 62
4. 找啊找啊找优点 ··································· 64
5. 怎样才是真正的帮助 ····························· 66
6. 特殊的奖赏 ·· 68
7. 打开另一扇窗 ····································· 69
8. 愚人节快乐 ·· 71
9. 教师节,也收礼 ··································· 73
10. 担保 ·· 74
11. 改变 ·· 76
12. 对症下药 ·· 78
13. 封上小嘴巴 ······································· 80
14. 由两面红旗引发的 ······························· 82
15. 孩子"拿"别人东西了怎么办 ················· 83
16. 从一只蚊子说起 ································· 86
17. 孩子受了"委屈"怎么办 ························ 88
18. 老师发脾气 ······································· 89
19. 占课引发的思考 ································· 92
20. 寻找班级正能量 ································· 93
21. 读书想到自己 ···································· 96
22. 爱,让奇迹发生 ··································· 98

3

23. 孩子们,再见 ………………………………………… *102*

第二章　中国式长大
——小谣老师"心信箱"

1. 从来都不曾孤单 …………………………………… *104*
2. 明天的太阳照样升起 ……………………………… *106*
3. 没有什么做不到 …………………………………… *108*
4. 走过那一段小忧伤 ………………………………… *110*
5. 做一只圆润的蛋 …………………………………… *112*
6. 妙招 ………………………………………………… *115*
7. 幸福向左烦恼向右 ………………………………… *116*
8. 向日葵的追逐 ……………………………………… *118*
9. 吃零食的烦恼 ……………………………………… *120*
10. 遇到人生的一面墙 ………………………………… *121*
11. 中国式的长大 ……………………………………… *123*
12. 拥有一颗感恩的心 ………………………………… *125*
13. 写给妍妍妈妈的一封信 …………………………… *127*
14. 当好班长的学问 …………………………………… *129*
15. 享受孤独 …………………………………………… *131*
16. 小鸟的成长 ………………………………………… *132*
17. 小鸽子的烦恼 ……………………………………… *133*
18. 一年级家长的烦恼 ………………………………… *135*

19. 矮个子的烦恼 ················· 137

20. 老师偏向了怎么办 ················· 139

21. 孩子任性怎么办 ················· 141

22. 自尊心受伤害了怎么办 ················· 143

23. 好作文,是改出来的 ················· 144

24. 别人给我起外号怎么办 ················· 146

25. 校园心事 ················· 147

26. 写作文,是一件快乐的事情 ················· 149

27. 改变自己,世界就会随之改变 ················· 151

28. 过程比结果更重要 ················· 152

29. 再不回来看我,我可要长大喽 ················· 154

30. 也许,你们根本不懂我 ················· 159

31. 求神不如求自己 ················· 162

后记

童年的歌谣 ················· 164

第一章 我的班级我的家
——小谣老师身边的故事

（一）孩子们的故事

1. 小宣的故事

（1）你说的是真的吗

小宣是一个认真的孩子，他总是爱问别人：你说的是真的吗？

但是他相信他的同桌于笛，在他的眼中，于笛是那么优秀，那么真诚，于笛说的话从来就不会错。所以他从来不问于笛"你说的是真的吗"，只要于笛发表了见解，他马上就会同意：原来是这样呀！

老师问："在同学们心目中，谁是你最崇拜的人呢？"大家都会低下头来想一想，小宣则毫不犹豫地站起来说："于笛！于笛是我心目中最优秀，也是我最崇拜的人！"并且，小宣还能举出一些例子来证明于笛到底有多么优秀，多么令人崇拜。

学校经常要对学生进行测验。一年级学生测验，老师要一道一道地念题，同学们跟着做。

一次考试，剩下最后两道题的时候，于笛偷偷看了看小宣的答案，和自己的一模一样。于笛悄悄用橡皮擦掉一道选择题的答案 B，选择了另一个答案 A。然后他捅捅小宣的胳膊，很小声地说："你选错了！"小宣一愣：自己的答案不会错呀？但是于笛也不能错呀？老师已经接着念下一道题了，他根本没有时间去思考，于是他选择了和于笛同样的答案。

结果，考试成绩出来了，于笛100分，小宣98分，错就错在那道选择题上，扣了2分。

小宣伤心极了，他一遍一遍地问于笛："你为什么让我选择A，你却选择B呢？你为什么要骗我呢？啊？你说呀？你说呀？……"于笛有些发蒙，她在那里装糊涂："没有呀！……我一直选择的都是B呀！我没有让你选A呀……"

中午放学的时候，小宣还在和妈妈很激动地说着："她为什么要骗我呢？为什么呢？妈妈你告诉我！"妈妈说："那你为什么不始终相信自己呢？"小宣更加激动了，他的声音很大："那谁能想到于笛学习那么好，那么优秀的人也会撒谎呀！我再也不相信她了！"

从此以后，无论于笛做什么事说什么话，小宣都会问上一句："你说的是真的吗？"

呵呵，不知道在于笛的小心眼里，同桌发生的这个小变化，她有没有注意到？

（2）看门老大爷

小宣由妈妈领着走进教室的时候，已经开学一周了。老师在前边讲课，小朋友们在下边听，他感觉很新奇。老师给他安排了座位，同桌是一个文静的小女孩。第二天他就偷偷地和妈妈说："妈妈，我要和邻座的那个大眼睛、扎着两条小辫儿的漂亮小女孩一张桌，我现在的同桌不如她漂亮。"妈妈笑，老师也笑，就把他和班里最可爱最漂亮的于笛安排在了一张桌。

小宣的妈妈就在这所学校上班，他们约好了，放学的时候，小宣在学校的门卫等妈妈。

妈妈说，门卫就是老大爷看守学校的地方，老师和校长的屋子在楼上。小宣一直都想看看校长的样子。在他的印象中，校长一定很凶很凶，因为从前不上学的时候，他希望妈妈多陪陪他，妈妈总是会说："不行，不行，妈妈要迟到了。迟到了，校长会批评妈妈的。"妈妈是经常批评自己的人，竟然还有人敢批评妈妈？所以这个人应该和玉皇大帝差不多，甚至比玉皇大帝还要凶。

第一天放学,小宣看见门卫里坐着一个瘦瘦高高,比较和善的人,他想:这一定是门卫老大爷了!他站在那里端详着这位"大爷",他还纳闷:大爷什么活都不做,就在那里坐着,校长看见了,一定会批评他的,他不怕吗?

"大爷"和小宣搭话:"你是谁家的孩子呀?"

小宣很自豪:"我是王颖家的孩子,我妈妈是这里的老师。"

"那你知道我是谁吗?"

"你?你就是学校的看门老头呀!"旁边的人都笑了起来。小宣歪着脑袋,很认真地看着大家:"你们笑什么?本来就是的,他本来就是看门老头嘛!"

旁边的人告诉他:"他可不是看门老头,他是校长!"

小宣依然歪着小脑袋:"他?他会是校长?我才不信呢!你们骗不了我,校长会在门卫坐着?校长应该在楼上,再说了,他长得也不凶呀?他才不是校长呢!"

大家捧着肚子笑,校长也笑。

小宣莫名其妙地看着大家,不知道他们在笑什么。但是他认为自己的判断不会错,大家越笑,他越说得起劲:"本来就是嘛,怎么可能是校长呢?你们骗不了我的……"

从此,他就认定了,那个瘦高的比较和善的人就是看门老头,他的心里总是期望着:什么时候能有机会见校长一面呢?

2. 小大人

丁梓恒是班里年龄最小,个子最小的男生,坐在椅子上,脚落不到地上。

所以上课发言对于他来说是一件很麻烦的事,他要侧歪着身子,手扶着桌子,试探着一只脚先落地,另外那只脚再下来。发完了言,也还要踮起脚尖,小屁股靠到椅子上,一点点地上去。他坐在第一排,每次我都不着急,静静地看着他很费事地一上一下,我知道他并不需要帮助,我佩服他与年龄不符的超强的自理能力。

最近的几天，他开始喜欢告状。

他的同桌是眼睛近视的大高个子车东旭。车东旭眼睛不好，还伴随着一些多动，上课不是动动文具盒，就是踢踢桌腿，实在没意思了，就双手成冲锋枪状，口中自言自语地叨咕："突突突，突突突……"

丁梓恒说："老师呀，车东旭又动我的书包了！"

正在上课，丁梓恒不举手就说话，我很不满意。我白了他一眼："你就看着车东旭吧，你！"下一句应该是"管好你自己比啥都强"，没有出口，我认为他能从我的语气中听出这个意思来。

可是小丁没有听出来我的意思，他忽然得了我的这么一个指令，兴奋了起来，不听课了，他侧过身子，脚蹬在凳腿上，手托着下巴，专注地开始注视着车东旭。

着急讲课，我不理他们。

下课了，小丁到我跟前汇报："老师，车东旭动了七下文具盒，六下桌腿，九下铅笔……"倒是难为了他记得这么清楚仔细。

我问他："那你这节课又听了多少？"小丁还在兴奋着，听我的语气不对，脸渐渐冷了下来："我……我……"

这两个孩子，好半天才算消停了下来。

第二天，丁梓恒忽然到我跟前说："老师，我要当副班长，我爸说了，我能当管车东旭的副班长。"

"那你爸没说，正班长应该是谁吗？"

小丁认真地想了半天："是呀，正班长应该是谁呢？"

这个难题一直苦恼着小丁，直到现在也没有人倒出工夫来解答。呵呵！

3. 你比瓶子好看多了

上课的时候，小丁在下边做小动作，我悄悄地绕到他的身后观察：他正在对着一个空空的矿泉水瓶子发呆，一会儿将瓶子立起来，一会儿又将瓶子放平。

我碰了他的大耳朵一下，小丁回头正要发急，看见是我，吓了一大跳，小脸立时就红了，慢悠悠地，目光直视着我，站了起来。

我问："你在干什么？"

小丁说："我在玩瓶子。"

我问："玩了多久了？"

小丁说："从上课开始就玩了。"

我问："在你心里，我和瓶子谁更吸引你？"

小丁怯怯地望着我，声音很细小地说："瓶子。"

我问："难道老师不如瓶子好看吗？"

小丁终于大声地哭了起来："老师，你比瓶子好看多了！"

4. 受宠若惊

今天是最后一天课。

下午，给三年级的孩子们上课。

孩子们听我宣读完下次上课的时间后，有些不舍。

小旭说："老师，我要是想你了怎么办啊？"

"可以给老师打电话或是发短信啊。"

我随手将手机号写在黑板上。

小佳说："老师，我爸是剪头的，过几天你去剪头呗，免费！"

小龙也站起来说："老师，我爸是搓澡的，过几天你去搓澡吧，也免费。"

5. 王郡瑶

(1) 纠结

和王郡瑶的妈妈聊天，王妈妈和我聊起了前一段时间发生在女儿身上，令郡瑶十分纠结的事情。

教师节前一天，中午站路队回家，老师忽然回头，对嘻嘻笑着的郡瑶说："你，中午二百字说明书，向我说明说话的原因和经过。"走到校门口，郡瑶走到老师身边："老师，我没说话。""即使没说话，也要把这个过程写出来。"

郡瑶回家，大哭，不吃饭，不睡觉，她对所有人大声抗议说："我明明没说话，老师还让我写说明书，我写什么呀？"王妈妈说："两条路，一是马上写说明书，写完吃饭睡觉。二是不写，先吃饭睡觉，下午自己和老师说明原因。"郡瑶还在委屈："我真没说话，杨紫晴后来还问我说你没说话老师干嘛还让你写说明书啊。"王妈妈说："对呀，那你这回不正好还有一个证人了吗？"

郡瑶不再说话，想了想说："明天是教师节，我给老师买束花。我是先给老师花呢还是先说事呢？"

"你自己定。"

睡觉起来，王郡瑶又对着妈妈念叨了一遍："妈妈，我想还是先给花吧！"

"你自己定。"

走到班级郡瑶还在想：要不先说事后给花？

郡瑶来到班级，看见老师身边正围绕着一群孩子，她看了看老师的脸，想到：笑容挺好的，我等人群散散再过去。

第一节下课，郡瑶走到老师身边，递上鲜花："老师，祝您明天教师节快乐！"

老师笑了："好孩子，谢谢你！"

郡瑶走了。随后，又转身来到老师身边，声音很低，目光很柔："老师，中午路队的时候，我没说话。"老师又笑了，摸摸她的头："哦，老师相信你。这事就这么过去吧！"

晚上，王妈妈回家问事情办得怎么样，郡瑶一伸大拇指："成功！"

哈哈！

（2）监控

郡瑶在家里有些不听妈妈的话，王妈妈就对她说："咱家里安着监控呢，监控的那端，和老师的手机相连，你的一举一动，老师可看得十分清晰呢。"郡瑶四处张望："在哪呢，在哪呢？妈妈你不会是在骗我吧？我不信，不信不信!"

这事过去好久,王妈妈都有些忘记了。

一天,王妈妈和郡瑶在外边玩,玩得正开心,郡瑶突然神情严肃地和妈妈说:"妈妈,妈妈,咱们快回家吧,回去晚了,老师该想了,这娘俩到哪去了,这么晚还不回家。"

(3)娇

郡瑶是一个气质型小美女,有一天,学到"娇",我说这个字一般形容女孩子十分娇小可爱,小雨举手说:"老师,我能造句,王郡瑶是一个十分娇小可爱的女孩。"

(4)童话

郡瑶从小就会编童话,二年级的时候,编的童话还在《作文与考试》上发表过。以下几篇童话都是她在四年级时随堂编的。

橡皮鸡和橡皮鸭

文/王郡瑶

铃——

上课了,这节是手工课,老师要同学们准备了橡皮泥。老师清了清嗓子,说:"这节课要用橡皮泥捏小动物,咱们要注意……"老师刚说到第二句,小丽就打起了盹,她趴在桌子上睡着了。

等小丽醒了,她看见同桌正在认真地做小鸡和小鸭。于是,小丽就学着同桌的样子做了起来。可是她太粗心了,把小鸡的嘴捏得扁扁的,爪子捏成了鸭子的脚掌;把小鸭的嘴捏得尖尖的,爪子捏成了小鸡的脚。放学后,小丽把他们带回家,放在了写字台上。

小丽又困了,不知不觉地,她又睡着了。不知怎么回事,小鸡和小鸭都活了,小鸡叫了一声"嘎嘎"!小鸡想:这不是我的声音呀?小鸭也叫了一声"咯咯"!小鸭想:这也不是我的声音呀?

小鸡走了两步,一摇一摆地差点摔倒了:"这,这,这以后我可怎么见人啊?我长了鸭子脚,鸭子嘴,以后我可怎么吃食,怎么刨食呀?"小鸭也走了几步，他也感觉到了不对劲："我这个样子去游泳，不得淹死吗？我可怎么吃鱼呀？"小鸡向小鸭冲过去，说："还我的脚和嘴，我不能走，也不能吃食了。"小鸭说："好啊，我正要找你呢，你自己送上门来了，你还我的脚和嘴！我不能游泳，也不能吃鱼了！"他们一边吵着一边打在了一起。

小丽被他们吵醒了，问明白了原因，小丽羞愧极了，她红着脸说："都是我不好，我太粗心了，现在我就把你们的嘴和脚换回来！"

小鸡和小鸭都换回了原来的脚和嘴，小鸡"咯咯咯"地叫起来，高兴地到草地上啄虫子去了。小鸭也"嘎嘎嘎"地叫起来，也一扭一扭地到河里游泳去了。

从此以后，小鸡和小鸭就成了小丽的好朋友，小丽也把粗心和上课打盹的毛病改掉了。

小猪比拉

文/王郡瑶

小猪比拉出去玩耍。

他看见一只蝴蝶，吓了一大跳，自言自语地说："这是什么东西？"他回到家，问妈妈："今天我看到一个奇怪的东西，有翅膀，翅膀上还有花纹，在花丛中飞来飞去的，她是什么东西呀？"

妈妈笑着说："好孩子，那是蝴蝶。"

第二天，小猪比拉又出去玩耍，他心想：我再看见那个奇怪的东西，知道是蝴蝶，就不用害怕了。他正在想着，迎面飞来了一个东西，更让他奇怪了，他自言自语地说："这个东西怎么和蝴蝶不一样呢？"

回到家里，他又问妈妈："今天我看见了一个更奇怪的东西，他有长长的翅膀，细细的身子，大大的眼睛，在花丛中飞来飞去的，他是什么东西呀？"妈妈说："噢，那是蜻蜓。"

小猪认识了蝴蝶和蜻蜓，他可高兴了，因为他知道大自然是奇妙的。

小牛刚力

文/王郡瑶

小猪比拉有一个铁哥们"刚力"。他是一头强壮的小牛,可他们是怎么成为好朋友的呢?有一天……

小猪要去河对岸的奶奶家,这时小牛刚力正好要给河对岸的河马大叔送苹果去,可是河上只有一条独木桥,小牛刚力太重了,过不去,这时比拉来了,他说:"我可以帮你把苹果送过去!"刚力说:"真的?我不能迟到了!"刚力脸上露出的笑容让比拉也很高兴。

比拉把苹果送到河马大叔那之后,又去看望了奶奶。从奶奶那回来就忙个不停,去找了村长,又去找办事主任,说的是什么呢?仔细听一听,哦!比拉在说要为刚力这种体型大的动物建一座大桥……

刚力看到比拉为了别人不顾自己累,他们自然成为铁哥们了!

原来成为朋友的秘诀就是:可以为朋友付出啊!

小兔美碟

文/王郡瑶

看!草地上那个戴蝴蝶结的小兔子多可爱呀!她就是美碟。比拉就像她的大哥一样,她有什么困难都会帮助呢!

就在昨天,美碟正在和刚力打羽毛球,可是小牛一不小心,把羽毛球打到动物世界最古老、最高的一株松树上了。刚力会爬树,但他太重了,可能会把这株"古董"松树压倒呢!

这时,比拉正好来了,虽然比拉不会爬树,但他会想办法。他坐在树下想了一会,突然说:"想到了——长颈鹿姐姐!"原来,他说的是邻村的长颈鹿姐姐。比拉以最快的速度跑到长颈鹿姐姐的家,向姐姐多多说明了原委,请她去帮忙。多多爽快地应着,和比拉骑着双人自行车,立刻到了最高的树那里。多多伸长脖子,一下子就够到羽毛球了。

大家一起说:"谢谢多多姐姐!"多多脸红了,说:"不用谢!"

美碟得到了羽毛球，她看着比拉满身汗水的样子，笑了。

怎么样，他们像不像兄妹？

6. 公开课

今天学校老师听我的课，效果蛮好的，我心里高兴！

我讲课的题目是"动物乐园"，情境识字课，主要是认识动物，学习生字。

生字有"狐、狸、猫、狗、狮、兔、虎"，我问孩子们发现了什么，他们说，发现前面几个都是反犬旁的字。一个小孩站起来说："老师呀，你说反犬旁的字都和小动物有关，那么老虎也是动物，为什么不是反犬旁呢？"语出惊人！我通过余光看见，大家都在为我捏着一把汗，这个知识，课本中、参考书里都没有交代。

我在黑板上画了"虎"和"兔"的象形字，告诉他们，不但"虎"，还有"兔""鼠""鹿"等，都是象形字，而不是形声字，所以，不是反犬旁。

评课者都说，这里是一处亮点。

而我，真是喜欢极了那个问题多多的孩子孙派航，他额头亮亮，眼睛大大，总是那么有精神地看着我，让我只要面对了那目光，就不敢再有丝毫懈怠！

就是去年，我的嗓子沙哑之时，他突然在我讲课的时候举手："老师，您小点声，您要保护嗓子！"一语惊得泪儿流！

这样的孩子，永远都会有创造！

7. 班会

(1)

读魏书生《班主任工作漫谈》，觉得魏老师的方法非常好，决定在班级试一试。周五的班会，就按照这个模式，由值日班长宋越和常务班长周之焱主持。

本学期，孩子们升入五年级，室外劳动任务增多，我班负责正厅一至五楼的楼梯清扫。要求楼梯每天都要保持干净整洁。

所以，针对一周以来的清扫情况，值日班长宋越在班会上总结了上周情况，提出了下周值日要求。

一、有的值日生来得太晚。下周开始，值日生必须 7 点前到校，迟到者罚再值日一天。

二、有的同学用湿抹布擦楼梯，刚擦完，有人经过就又出现了脚印，反而更脏了。下周开始，楼梯值日生必须自带床刷或是干抹布，将杂物和土屑从楼梯上扫（或擦）至楼梯下（宋越在黑板上画图演示了扫或擦楼梯的方法）。

三、楼梯值日生每天彻底值日两次，早上和中午。平时下课，值日组长及值日生要勤到自己所负责的责任区检查，发现杂物随时清理。

四、有的值日生在楼梯处疯闹，或对经过的同学大声喊叫。值日组长负责监督值日和纪律情况，发现情节严重者及时向值日班长汇报，更严重者向老师汇报，班长和老师将视情节严重程度给予相应惩罚。

五、室内值日生要做到桌椅整齐，地上无杂物，班级备品摆放整齐。值日情况由室内值日组长负责检查。

值日班长宋越说完，常务班长周之焱又对班级总体工作进行了任务个人指派（下面的内容是老师和班干部共同研究决定的）。

1. 赵翼帆负责养花。浇水、施肥、剪枝这些过程一定要科学。
2. 汤琳旋负责窗台、讲台，每天每节下课都要擦干净。
3. 王乾和曲轩负责饮水机的清理和下课轮流给同学们接水。
4. 前后门的玻璃由马赛和肖阳负责擦拭。
5. 班级垃圾由王玉涵负责清理，要倒到一楼垃圾点。
6. 刘坤、邵帅、禹南旭负责为班级抬水。佟辛格、刘帅兵负责一年八班抬水上水及倒垃圾。张志博、孙明锐负责一年七班抬水上水及倒垃圾。
7. 拱贺负责黑板上每日一名言，书写在黑板一角。

8. 洪嘉荣负责每日一个英语单词，负责留单词，监督背诵。

9. 马凡舒负责每日语文听写。听写完毕，由同桌互相批改。

10. 于迪负责记录"好人好事记事本"。

11. 王文宣负责记录"坐姿提醒本"。

12. 周之焱负责记录"说话接力本"。

13. 各科课代表负责检查作业书写情况，不写或少写作业者报告学习委员，学习委员马凡舒负责检查作业总体情况及惩罚（写说明书100～500字）。

14. 门外纪律监督岗由苏秋实每日指派专人负责。

班会结束，我简单做了总结：两位班长及各个负责人工作细致认真，值得表扬。但最关键的是，还要看以后这些班规班纪的实施情况，希望各位再接再厉。

（2）

昨天上午，苏秋实和周之焱跑来问我："老师，下午的班会还能开吗？"

"能开。"

已经几周不开班会了，主要是中秋及国庆的假期串来串去，课程安排得很不规律。有几次已经答应了孩子们，但是临时有事或是有别的什么活动，就取消了。

下午第一节下课，几个孩子跑到外边叽叽喳喳地，不知嘀咕什么。我班的孩子向来都有这样的本事，偷偷地进行什么事，不和我商量，但总是带来惊喜。

周之焱开始在黑板上写字"怎样才能学习好——五·二主题班会"。我回头，嗯，有点意思，于是悄悄搬了椅子到后边，不再说一句话。

上课铃响，周之焱、苏秋实微笑着走进来，两个孩子笑容亲切举止大方，第一次从这样的角度看他们，真是漂亮的孩子啊！

苏秋实说期中考试马上就要到了，大家也进入到了紧张的复习阶段，那么，怎样才能掌握良好的学习方法，进行有效地复习呢？首先，有请语文课代表马凡舒说说她是怎样学好语文的。马凡舒说得多多积累。刘新会举手，他说，要学好语文还要多看书，看书不能走马观花，要勤写多记多练笔。然后有请数学大王宋月谈谈怎样学好数学。宋月谈完刘新会又站了起来，他告诉大家一个做好应用题的绝招，就是多读题，读一遍不懂再读第二遍，第二遍不懂再来第三遍，直读到哭就懂了。刘新会的发言总是这样幽默风趣又蕴含道理，大家都开心地笑了。

随着大家的发言，周之焱在黑板上快速地提炼纲要作总结，我在后边频频点头，嗯，有板有眼不慌不忙，主持得好。

最后苏秋实说有请语文老师谈谈，她上学的时候，是如何学习的。

我说我上学的时候学习特别认真努力，老师很喜欢我。我有一个独特的学习方法，这么多年从来没告诉过别人，因为咱们是师生关系，老师喜欢你们，今天就透露给你们吧，你们不许外传。

孩子们来了兴趣，频频点头：老师你放心吧，我们绝不乱说。

我说要想学好语数外，其实很容易，做到三点即可。第一点，课前一定要预习。语文要读熟课文，扫清字词障碍，了解课文大意，和字典交朋友；数学要读懂例题；英语要听听录音。第二点，上课一定要听会，多举手。我说我特别愿意在课堂上表现自己，举手特别积极。有一次，我们的地理老师无论我怎么举手就是不叫我，于是我动了小心思，故意将头转到窗外，装溜号，其实耳朵紧紧地听着呢。老师一看我溜号了，有一道最难的题叫我起来回答，我站起来回答得十分精彩流利，老师带头给我鼓掌。说到这儿，孩子们也纷纷给我鼓起掌来。第三点，课后一定做会作业。简单概括这三点，就是课前要预习好，上课要听会，课后作业要做会。

我说完，苏秋实又带头给我鼓起掌来，她说老师说得真是精彩，咱们从中也学到了怎样学习的好方法，但是我给大家提个醒，咱们学习老师的好方法可以，老师上课溜号的事咱就不要学了。

同学们又哈哈大笑起来。

这次班会十分成功，我对几个精心策划者竖起大拇指，我说，这样既有意义又轻松愉快的主题班会建议今后要多多进行，老师坚决支持，有需要老师帮助的地方，坚决效劳。

孩子们好样的！

（3）

周五的班会，孩子们要求还是由他们自己来主持。我说你们把主题给我，我把把关吧。孩子们议论了半天，最后，决定针对班级最近出现的情况，来个杂烩。

之后，孩子们就不和我商量了，周之焱、苏秋实、宋越偷偷地躲到一边研究去了。

班会前，周之焱在黑板上写下主题：咱班事，咱们说——五·二讨论会。

嘿，不错不错。我不禁暗暗点头。

班会伊始，三个孩子微笑着走上讲台，有针对性地对班级情况作了总结，纪律、卫生还有一些杂事，孩子们说得头头是道。

宋越说：最近卫生方面出现最严重的问题是室内外值日生来得太晚，有的组长也不能做到以身作则，带头作用不够好。

说到这，廖文博站了起来：班长，我不同意刘坤继续做我们的组长，他不但来得最晚，还带头在楼下和外班学生疯闹，我们明明干得好好的，他看不到还总是批评我们。

宋越说：这个小组的同学都站起来。

刘坤这时带着哭音说：这个组长我也不想干了，让给廖文博吧。

宋越说：你什么意思？是不是因为同学说你几句你心里接受不了了？

刘坤不说话了。

最后，这个小组重新选举了组长，由认真负责的小女孩小新担任。廖文博等几个孩子露出了笑脸，刘坤也点点头，表示服气和接受了。

苏秋实说到了班级最近出现的怪现象：有几个小男孩，总是在卫生间里疯疯闹闹，有的时候还打架，对班级造成了不好的影响。苏秋实询问大家：怎么办呢？大家有什么好的办法来制止这种现象吗？

周之焱在旁边接话说：我认为这种现象宜疏不宜堵，应该想一个长效久安的好办法。

孩子们不说话了,你看看我我看看你,纷纷没了主意。大家都回头看我,我示意继续。

苏秋实就又换了一个话题,请学习委员马凡舒总结一下最近同学们的作业情况。马凡舒对同学们提出了表扬,特别是刘大伟、董宇博等经常不写作业的同学,现在已经天天写作业了。

接着于迪又公布了最近班里出现的好人好事。她说:周一,杨紫晴捡到十元钱,是王文萱的;周二于闯捡到三元钱,一问,也是王文萱的。

孩子们哈哈大笑起来。

张智博站了起来,说:那天王美玉捡到五角钱,一问,是我的。

又是一阵开心的笑。

周之焱又接着说:于迪总结得非常好,但是她只是针对她周围出现的和她看到的好人好事现象来总结的,我建议同学们如果发现了出现在你身边的好人好事,应该报告给于迪,让她记录。

负责写每日一名言的拱贺提议说:老师,我有一个想法,每日一名言,可不可以让同学们自己编名言,然后由他们自己到黑板上来书写?

我站起身带头给拱贺鼓掌:好好好,真是绝妙的好想法!非常有创意,咱们下周就执行。同学们将编好的名言给拱贺,让她汇总编辑成册,我来把关,排成次序,然后由你们亲自到黑板来书写。

孩子们立时兴奋起来,开始窃窃私语。

最后,几位班长请我总结,我说:这次班会开得非常成功,老师和同学们都受益匪浅。特别是你们能想到宜疏不宜堵,想到长效久安非常非常好,说明你们时时都在思考,对此,老师特别提出表扬。我建议这个好办法还是由大家来想,然后汇报给班长,班长最后找我商量,到时咱们再采取措施好不好?

好!

孩子们的情绪又一次高涨起来。

8. 最美

期末考试，给一年级的孩子们监考。

第一排的一个小女孩，扎着两条小辫，眼睛圆圆的，怯怯地，端端正正地坐在那里等着老师发卷子给她。

一个小纸团"啪"地从不知哪里飞过来，落在小女孩的桌子上，又弹落在地上。

小女孩没有动，目光依然望着我。

我走过去，捡起纸团，我以为，纸团里的内容一定和考试有关。

展开纸团，一行非常用力的铅笔字映入眼帘：

长大了，我可以娶你吗？

"娶"字不会写，是用拼音代的。

9. 小牧的故事

（1）初见

来到新班级的第三天，在学校领导的支持下，我召开了这个班的第一次家长会。

家长会结束的时候，大部分家长没有离开，他们围在我身边，问这问那，和我交流着。

有一个孩子的妈妈终于挤进了包围圈，拉着我的手，腼腆地、轻声地说：老师，我家孩子叫小牧，他特别没有自信，成绩也不好，还老惹事……

小牧？我的脑海中一个黑黑的圆圆眼睛的小男孩的形象渐渐清晰起来，我想起来了，他就是坐在第一张桌的，今天考试没有答完卷的小牧。当时我还一个劲儿地催促他快点答，可是他看看我，依然磨磨蹭蹭地东张西望地不着急。等到大家都收起卷子准备上交的时候，他很自然地将卷子塞进了书包里，我问他时，他淡淡地说：我还没答完呢。

小牧的妈妈连声说：是啊，是啊，就是他，他，唉……

这时，另一个孩子的妈妈插进来聊起了她家的宝贝，她说：老师，我家孩子挺聪明的，爱举手，喜欢表现自己。

小牧妈妈用羡慕的目光看了一眼这位家长，而后怯怯地向后退了一步给这位家长让出了位置，一边嘴里轻声说着：你家儿子真好，我家儿子太差了。

我跨前一步，抓住了小牧妈妈的手，微笑着，柔声地说：不，小牧不差，他只是写字慢了点，我对他非常有信心！

小牧妈妈有点不相信自己的耳朵，目光也亮了起来，她激动地询问着我：老师，您说什么？您说小牧不差？

对，小牧不差！最起码，在您的心目中，他就应该是这世上最最优秀的宝贝！您想想，连您都对他没有信心，都认为他满身的缺点看不起他，您还指望谁能瞧得起他呢？他还能自信起来吗？

老师，您的意思是？

我的意思是说，我们要相信我们的宝贝是最棒的，从您相信他那一刻起，他就已经有了改变，不信，您试试看。

旁边的一位家长接过话来说：可不嘛，你家小牧五岁就上学，比班里的孩子整整小了一两岁呢，现在学成这样，已经是一个奇迹了，我家孩子要是像他一样这么早上学，还不如他呢！

是吗，是吗？是这样的吗？

小牧妈妈的眼里盈满了泪水。

第五天，小牧妈妈发来短信：吴老师您好，我是小牧的妈妈，很幸运小牧能遇到您这样的老师，突然间我也有信心了。以前小牧回家只主动学英语，昨天，一回家，他就拿出语文卷子做了起来。他还说妈妈我写字慢，我要练字。说得我都要哭了。以前每次接孩子，我的心里都忐忑不安，不知他在学校又淘气没有，回家就一顿喊他，有时也打他。昨天，我没有批评他，还借着您的话表扬了他。吴老师，您也是家长的老师啊！祝您愉快，非常感谢您！

第七天，小牧妈妈发来短信：吴老师，谢谢您。今天回家，小牧和我说，妈妈，老师嘱咐我别淘气了。我听了很感动，我知道，他肯定在学校又犯毛病不守规矩了，一样的事情，您用了不一样的策略，和他好好说。我也学着和他好好说，果然与往常不一样的效果啊。吴老师，非常感谢您，再次祝您愉快！

我的心里暖暖的。

今天，已经是我来到新班级的第九天了。

我不知道妈妈眼中曾经的"坏"小牧到底是什么样子，我也从来没有向同学们打听过他的过去，同学们想向我控诉他的时候，我都会不礼貌地打断同学们的话：不，不要说。我所知道的，我所看到的，就是眼前的小牧，皮肤黑黑的，眼睛亮亮的，偶尔也淘气，大部分时候都很文静，举手积极，学习认真。听我和他讲道理的时候，望着我的目光是那么乖，那么纯净，好像两颗小星星，能照亮对面人的心。他微微点着头，对我说：知道了。那模样，真招人疼。

如果有机缘，小牧妈妈能看到这篇博文，有一句话我想请她转达给小牧，是一句真心话：

小牧，你是我遇到的最最可爱的男孩，老师爱你！

（2）小牧的作文

假如我会飞

文/小牧

假如我会飞，我会飞到古代，看看那时的人类，是怎样用竹片刻字，到时候，我会教他们制造纸，让他们写字更方便。

假如我会飞，我会飞到太阳上，和太阳作伴，好让他不寂寞。

假如我会飞，我会飞到星星上，和星星一同听月亮妈妈讲故事。

假如我会飞，我会飞到东京去，那里发生了大地震，我要去帮助受灾的小朋友赶快逃脱。

假如我会飞，我会飞到大山里，大山里的孩子没有书看，我要把书送给他们，让他们有书读。

假如我会飞，我会飞到未来，那里有人在开飞船，有人在开火箭，我想，我不飞了，我还是坐飞船吧！

当我读到小牧这篇小作文的时候，我的泪水顺着腮边流淌，多么好的一个孩子啊，多么晶莹纯净的一颗心啊，充满爱和智慧，善良又温情……

我懂了：有一些花，是为喜欢自己的人盛开的。

(3) 让我说声谢谢你，孩子

我只教了小牧一个学期，而后，我们就分开了。他年龄小，有些淘气，但是非常听话懂事，还很有礼貌，学习上更是用心刻苦，字写得很好，语文考试经常全班第一。我喜欢他，经常在课间摸他的头，或是牵着他的手和他聊天。他不多说话，只是看着我，努力写字，努力做好自己。

一年以后，也就是本学期期末考试后的第三天，孩子的妈妈给我发来孩子的期末考试作文。

吴老师您好，

我是小牧妈妈。

您家搬过来了吗？

小牧考试的时候，写的作文是老师以前留的重点，他写完作文《我的苦恼》后监考老师说写的少，就把写作文的那张卷子撕了，给他一张新作文试卷。就剩二十分钟了，小牧情急之下写了一篇作文《让我说声谢谢你》，写的是你。他说没敢写吴老师的名字，用《淘气包马小跳》中的林老师代替你。

时间少，孩子写得很草。

但人在情急之下是真情流露。

让我说声谢谢你

文/小牧

林老师是教过我的一位语文老师，她平等对待同学们，让我敬佩。

开学第三天，老师刚进教室，就有同学站起来告状，"老师，小牧是傻子"，"老师，小牧往地上吐唾沫"，"老师，小牧摆弄东西"……南景耀自告奋勇地把我往讲台上拉。

我当时心里难受极了，用身体抵抗着他的拉扯，心想，老师肯定会骂我，或者说大家不要理他。老师走过来，把我从讲台送回到椅子上，说："每个人都有优点，小牧也一样。我不看过去，我看现在。"我顿时泪流满面，心里说，老师，你真好，有你的信任，同学们再嘲笑我，我也不发火，我要努力学习，争取取得好成绩。

老师，让我说声谢谢你！

看过这篇作文，我的眼泪流了出来。孩子的字虽是如此潦草，孩子的心却是如此细腻。

我在心里说，亲爱的孩子，以后的路，希望你能好好走。

10. 拥抱

最近，不知为什么，孩子们特别喜欢过来拥抱我。有些孩子明明课堂上我刚刚训过，可是，只要下课铃一响，他们就围过来了，抱着我的腰，还用快乐又无比幸福的目光仰望着我，露着小豁牙，甜甜地笑。我还给他们的，也是最深情的拥抱，还有心底的感动。

才两个多月啊，我已经能够感知到孩子们对我的喜爱。

我也是，我喜欢他们，爱他们，每每深夜无眠的时候想起他们的小模样，都会在暗夜里露出微笑。我想，这时候旁边若是有人，一定会吓一跳的。

我说，老师对你们那么严，你们还喜欢老师？

嗯，喜欢，就是喜欢。你对我们是严，但我们知道，严就是爱！

刘一男是一个爱哭的孩子，那天因为在课堂上接话被我训了一通，他抿着嘴唇含着眼泪低下头不敢看我。可是，一下课，他就乐呵呵地跑过来抱着我问：老师，萝卜怎么才能变成萝卜干呀？

呵呵，那天中午他不喜欢吃饭，我就把自腌自带的萝卜咸菜夹给了他一些，还让他到前边来陪我一起吃。我说吃得多多的，能长大高个呢！咸菜可能是真好吃，那天，刘一男吃了整整一大盒饭。后来，他就经常问我关于萝卜的问题：老师，萝卜皮晒着好吃还是萝卜心晒着好吃？

那天我刚剪了新发型，刘一男首先发表意见说：咦，剪头了？太意外了！

不行不行，我不能接受。等到上完一节课之后，他又跑过来说：嘿，还别说，老师梳短头挺好看啊，好像年轻了好几岁。

心里那个美！

小冉，是一个目光迷离的女孩。开学第一天，我就注意到了，你无论说什么，她都好像听不见似的不搭理你。她爱说话，爱做小动作，学习也不够积极主动。有一位老师对我说：对她，我没办法。

可是，自从有一天我和英语老师狠狠地批评了她，并告诉她我们因为喜欢她才对她这样严厉以后，她发生了巨大的改变——上课积极举手发言，作业认真完成，下课总是坐在座位上看着我笑。小冉长得特别漂亮，也和其他孩子一样，刚刚掉了两颗小前门牙，活泼又可爱。今天，她看见讲台前边的人少了，就拿着一枚大苹果笑呵呵地走过来拥抱我：老师，给你吃！我问她为什么抱老师。她仰头看我，只是羞涩地笑，不说话。

体育班长曲浩文在旁边接话说：老师，我也喜欢你。

曲浩文是一个有思想、有主见、爱劳动，还有组织才能的孩子。我刮着他的小鼻子说：为什么？喜欢都是有理由的，你的理由是什么？

他说：不为什么，就是喜欢。我们犯错误的时候你对我们确实挺严厉的，可是，怎么说呢？我不太会用词。嗯，用哪个词合适呢？嗯，对了，你挺开朗的，还挺幽默的，该对我们严就对我们严，该对我们好就对我们好，下课还陪我们到外边去玩。嗯，总之吧，说不好，真说不好。反正，就是喜欢你！

眼角深情地湿润了。

11. 一呼百应

开学了，班里需要的东西很多，我和大家商量，看谁家有多余的，可以献给班级。

我点了点，需要胶带、花、方便袋。众多同学举手，我高兴夸奖，同时也叮嘱，不能只是说说罢了，要真的拿来。

第二天，没有一人拿来，我假意生气，说，不带这么忽悠老师的。孩子们又纷纷举起手来说，老师，我明天保证带来，保证保证！

第三天，孩子们果然拿来了很多东西，满满当当地堆在前边的讲桌上，我高兴地夸奖大家，说，你们真是讲信用又爱集体的好孩子！孩子们高兴，为没有再"忽悠"老师而高兴。

周四，我忽发奇想，就又和孩子们商量，我说我想在班里养一些大蒜，让它长出蒜苗来，谁能帮助老师？孩子们纷纷响应，有说要拿蒜的，有教我怎样养的。张耘蒲等不及了，走上讲台拉住了我的手：老师，这个我最有经验了，我妈妈告诉过我，蒜苗第三茬就不好吃了。周雨翰说你想的怎么那么远呢？这第一茬还没有影儿呢。

周五，赵紫晴带来了一头大蒜，孙嘉聪带来了五头大蒜，孩子们又开始纷纷献策，有说要在水里养，有说要用土壤栽培，有说这干巴巴的大蒜怎么可能长出蒜苗来？不是老师又在逗大家开心吧？后来，我采纳了献蒜最多的孙嘉聪的建议——用水养蒜。

我刷干净了班里的一个托盘，摆上六头大蒜，倒上水，水只没过大蒜的根部。孩子们高兴极了，眼睛亮亮的，你看看我我看看你，互相传递喜悦。

班会上，班长韩瑞茜盘点了一下本周的好人好事，孙嘉聪为班里捐献的东西最多，两沓黑色大方便袋、一卷加厚透明胶带、五头大蒜，还有一些零散东西。肖凯予献的兰花花苗也很有意义。

养花我喜欢养小花或是花苗，看着它在我的照料下一天天长大是一种幸福。肖凯予正是带来了兰花的花苗，我喜欢。我找来了一个空花盆，又在外边挖了一些花土，将花土暖到和室内一样的温度，再将花栽到花盆里，浇上水，放在阴暗处缓苗。韩瑞茜说起这盆花的时候，我看看它，花苗已经挺立起来，它活下来了！

12. 我的学生我的兵

我从前的学生最近纷纷遭遇感情上的重创。

先是小图。小图今年高考，看他的 QQ 个性签名，曾经海誓山盟的女朋友，最近可能要崩了。上小学时，小图就和别的孩子不一样，极其聪明，羞涩内敛，有文采。他有一个毛病：上课爱说话，叨叨咕咕地，也不知道总是说个啥。我讲故事吧，他在底下补充；别人回答问题吧，他在下边先说答案……没啥事了，就自己和自己说。要是写小说，我估计都不用找材料，他的小脑袋瓜里，全是思路。后来，我问他，你怎样才能上课不说话呢。他说让我和王爽一张桌吧，王爽管我，我能听。

我一听，乐了：好啊！上课再说话怎么办吧？

再说话就罚我不和王爽一张桌了。

一言为定？

一言为定！

王爽是班长，成熟稳重心眼好，还特别认真负责，学习好，全班同学没有不喜欢她的，她是全班同学的偶像。当然，大家都看出来了，她特别是小图同学的偶像呢。

自从他俩一张桌以后，小图简直变了一个人，乖、认真、听话。小图的爷爷感激不尽，堵在学校门口非要见见王爽不可——这是谁家的好姑娘啊？让我孙子简直变了一个人。

毕业那天，王爽将小图的"情书"偷偷塞给了我：老师，他说一辈子都要追着我……我……我可怎么办啊？

王爽的妈妈也犯愁：老师，这俩孩子上初中，还能学习了吗？

我又笑了：没事，绝对没事的。你们就当没这回事，该上学上学吧。

现在，小图的女朋友早就不是王爽了，现在这位，据说也是小图经千山、历万水最终确定的人，小图发下重誓，这辈子肯定不换了，就是她了。可是，一辈子太久了，这不，才几天啊，就要面临分手的考验了。

第二个纠结的孩子，是我去年离开的那个班的学生小徐。小徐小学六年级刚刚毕业。前几天，看他的QQ签名，说：小丽，记住了，我就爱你，爱你一辈子！

我就乐，臭孩子，你懂什么是爱啊？

从另一个侧面，我也看出孩子们终于在我面前无所顾忌了，我要是还在教他们，他们的这个心理动态绝对不会让我发现的。他们了解我，我会见一个灭一个，逮一帮杀一群的，绝不手软。现在，他们终于不怕我了。

我仔细观察，除了小徐，班里还有几个孩子正处在早恋中。小月说"爱情啊怎么这么苦"。小萱说"我那么喜欢你，你喜欢我一下会死啊"……毕业了，"爱情"们，也正面临着离别。

小徐的"爱情"之路好像挺坎坷，那个女孩好像还喜欢别人，对小徐的追求无动于衷。小徐陷入了深度痛苦之中，个性签名一日一换，全都是那个女孩的名字和那些个烫手烫心的"爱"字。"小丽，你这辈子是我的了，爱咋咋地吧""小丽，我爱你，爱死你了，你怎么就不能爱爱我呢"……热辣辣的语言看得我耳红心热，我真想找机会走到近前抽他一个大耳光：让你不好好学习！小小年纪，你懂什么啊你？

说归说，要是在他们身边，遇到这样的问题，我是不会动用武力的，我会想办法将他们一对一对地分开，或是淡化——我本身不拿这事儿当回事，他们慢慢地也就不拿这当回事了……很多办法。

我正在琢磨着要怎样在网上开导小徐，看他如此混账地"痛苦"着，我也心疼。还没等我想好办法，小徐的个性签名又换了：小丽，你，你，你竟然这样说我？我不爱你了，走人！

昨天还"爱"得那样深，今天就变了？真是小孩子过家家的游戏，"爱"与"不爱"挂在嘴边，还感觉着挺认真地当一回子事呢！哈哈！

小徐是个倔强的孩子，他这样说，这事儿，就是过去了。

马上就要开学了，小图要去上大学，小徐要去上初中，他们又会遇到这样那样的女孩子，还有很多事，相信，他们很快就能调整好心态迎接新生活了。小图毕竟大些，或许感情能稳定些，因为见他后来的微博，爱情什么的那些字眼儿，已经不挂在嘴边了。

那就好。

无论怎样，无论遇到什么，我最最亲爱的孩子们，希望你们都能好好走！

13. 蒙了

今天考试，有一道题是：分别用"消失"和"出现"说一句话。

有一个孩子写：

1. 吴老师消失在了天空中。

2. 吴老师出现在了天空中。

啥时候的事儿啊？我咋不知道呢？

14. 刘浩宇

刘浩宇是一个西班牙孩子，是混血儿，他爸爸是中国人。

刘浩宇比较孤独。我所说的孤独是指内心，因为他七岁才来到中国读书，语言是障碍，还要和别的小朋友站在同一起跑线上接受新事物。现在，虽然他已经能够用流利的汉语和老师同学们沟通了，但是，他还是不明白中国汉字的含义，更是无从体会它的美。他不是在写字，他是在画字。他听不懂这一道语文题为什么要这样问，弄不懂那一道数学题为什么要那样分析，他的目光没有流露懂得的神情，只有迷茫，只有不解。学习对于他来说，不是乐趣，而是负担和痛苦。

在我来到新班级短短一个月的时间里，刘浩宇已经连续多次请假要求回家了，说是头痛，或是胸闷，或是肚子痛。我用嘴唇触碰他的额头，温温的，并不发烧；给他喝热水，但是腹痛胸闷也未见缓解。他的表情极其痛苦，有的时候，眼泪都流了出来。教数学的小潘老师说：耀天不会是装病吧？有一次，他说是头痛难忍了。我说那就把爸爸电话给我吧。他"嗖"地就从书包里拿出了记事本，那小动作，可麻利了，哪像一个小病孩啊！

一句话提醒了我，噢噢噢，刘浩宇会不会真是在装病啊？他是在逃避学习吗？

刘浩宇也有开心的时候，那就是和小朋友在下边做小活动，在操场上做游戏的时候。因为，游戏和小活动是不需要语言的费力沟通的，一个眼神，一个招呼，就双方心意明了了。有一次，他和同桌用格尺在桌子底下玩磨碎橡皮的游戏，正是开心忘我的时候，我走到他身边，轻轻地收起了他们的"作案"工具。刘浩宇看看我，然后面无表情地按照我的规定端正坐好，可是，那目光，依然在这个世界之外游离着，我根本无从捕捉到。

还有一次，我和孩子们在操场上玩丢手绢跳跳绳的游戏。有个小朋友跑来报告说：老师，你看刘浩宇。我顺着孩子的手指望去：刘浩宇正坐在操场的一角低头玩着几颗石子，他把石子们摆成一座围城，又把它捣坏，再摆起，再捣坏……偶尔，他也抬头望望太阳，迎着太阳光，他眯着一双大眼睛，嘴巴紧紧地抿着……

他不快乐。

有一天，刘浩宇忽然跑到我身边，仰着头问我：老师，我爸爸说您对他说您喜欢我，是真的吗？

我马上搂过他脏兮兮的小脸亲了几下：当然是真的了，老师最喜欢刘浩宇了。

孩子望着我，笑了，眼睛里有什么东西在闪，那种东西，终于能够和我息息相通了。

我需要走进他的心，帮助他，解救他的孤独。

15. 杨子

我刚来到三年一班的第一天，就认识了杨子。那个小女孩下巴尖尖的，爱笑，眼睛很清亮。她围在和蔼的新老师的身旁聊天。

她说：老师，我想当四好少年，能当上吗？

能的，只要你努力。

真的吗？杨子和几个小女孩开心地在教室里欢跳了起来。

后来我才知道她们为什么那样高兴。争做四好少年是每个同学心中的梦想，可是这些年过去了，四好少年一直都只在班里几个骨干分子身上流转，对于大多数同学来说，那，根本就只是一个梦。我来了，我说大家都是一张白纸，可以重新描画，我给了他们希望。

但是期末的时候，杨子的四好少年梦想终是没有实现，她只有几票，根本无法和那几个票数超过班级大多数的同学相抗衡。四好少年的名额有限，依然还是每年的那几名同学当选。

看着杨子失落的神情，我很遗憾，但是无法改变。

再开学的时候，杨子晒黑了，只有牙齿和眼角是白色的。她说寒假，和妈妈去海南玩了。玩了一个假期，她的心很难收回，懒散了很多，也不再找我聊天。学校的活动一个接着一个，游园、去军营、去南湖、六一、小达人……杨子的心于是就上上下下地飘忽了一学期。她似乎对什么都不感兴趣，作业潦草，经常望着窗外发呆。我说了她几次，她看看我，不改，还是潦草地写字，还是经常望着窗外发呆。

有一次测验，她是第一个答完卷子的，我看了看，字写得还是不好看，草上飞一般。还有大段的时间下课，于是，她就在卷子的边缘空白处画画，当我发现的时候，一座花园包围的宫殿已经完成了。

我没有生气撕卷子，我看着那座美丽的宫殿啧啧赞叹，我说，杨子，你画得不错啊！没想到你还有这份灵气！但是你的字和你的画就没法比了，都说书画一家，在你这里，没体现出来啊！

杨子不好意思地笑了……

第一次。

那次考试过后的一堂美术课，下课，杨子拿着一张画到办公室门口向我张望。我看见了，马上走过去迎接她。她兴奋异常：老师，您看我这张画好看吗？美术老师夸奖我了！

那是一幅情景画：小朋友们在操场上做游戏。小女孩在跳绳，小辫子飞扬在半空中；小男孩在摇绳，另一只手拿着因为热脱下的外套。其他小朋友的神态也形象极了，有的喊着什么，有的静静观战……

我抱着杨子热烈地亲她的额头：宝贝，不是一般的好啊！

班级布置墙报，我招呼杨子：你的那些漂亮的画呢？都拿过来，我选几张贴出来，让大家也欣赏欣赏。

再上课，她就用亮晶晶的眼睛看着我，终于不再恍惚。

期末的百词测验，杨子拿了一百分。满分的孩子不多，我重重地表扬她，特别是字迹。我说杨子的字写得既工整又漂亮，真好。

随后，杨子的妈妈找我证实：老师，我姑娘的百词真的满分吗？您真的夸她了吗？她和我说我还不信呢！

我能想象得出杨子回家向妈妈汇报成绩时的兴奋劲儿，难得她终于对自己的事上心，是又看到希望了。

我认真地想过杨子曾经的梦想。我想，四好少年是不是也可以轮流制？或者，上学期评过的同学今年就不要参评了，等到来年再参评。这样，就会给更多同学机会，班级整体的积极性也能调动起来了。

这样想着，但一直没有机会实施过。

16. 王雪晴

王雪晴坐在班级的第一排，很白净，很漂亮，梳着荷叶头。回想起来，整整一学期，我竟然没有听到她说一句话。

课堂提问除外。但是，也一定是我主动有问题要问她，不然，她从不主动举手。她站起来回答问题的时候，声音也细若蚊蝇，非得同桌仔细听了翻译给我。我不要同桌翻译，走到她身边，看着她的眼睛耐心地用眼神鼓励她。还是听不见，还得同桌将耳朵凑到她的唇边，仔细听了翻译给我。

有一天我发现了这个问题，就和她说：老师没有听你说过一句话呢！她笑笑，眼睛却看向同桌的女孩。同桌女孩和后桌男孩纷纷指责：老师，可不是那个样子啊！王雪晴，暴力着呢，操场上玩的时候经常尖叫，还打我们，瞧，我的胳膊……说着，后桌的男孩挽起了袖子，露出了巴掌大的青紫。

我说，只是和你们疯着玩吧？她怎么会故意暴力？

同桌说：真的，老师！王雪晴可厉害了。

王雪晴不好意思地笑了。

我还是难以想象她会尖叫、她会暴力。我在操场上观察过她多次，她很孤单，是人群中被忽视的那个，安静、乖巧地站着，看着。我想，这时候的这个样子，遇到侵犯时大声尖叫和使用暴力，也是有可能的。

但是她成绩很好，测试经常满分，作业写得也工整干净。我夸奖她，经常用手摸她的头。她一动都不动。我越是夸奖她，她的作业和成绩越好，但是，教室里还是从来都没有响过她的声音。

运动会前期，组内排练大型节目，她是班级排头。她做得不够好，胆怯地，动作不舒展。指导老师告诉我，需要换一个排头，后边的孩子才能做得更好。说了几次我都没有换，我觉得她本来就不自信，换了，就伤害到她。我鼓励她好好做。她很努力。有一天，我临时有事没参加排练，回来的时候，她就被换掉了，另一个动作优美的女孩做了排头。是指导老师换的。

我没有说什么。那个下午，我认真地观察着她的情绪和反应。好像，她并没有像我担心的那样情绪低落，排练休息的时候，还在和同桌窃窃地笑。

我放心去忙别的事了。

如今，我不再是他们的老师了，我很后悔——我没有听到过她大声说话，但我也没有主动和她聊过。拉过几次手，摸过她的头，但是，没有聊过。

雪晴的爸爸是一个很文静的男子，第一次家长会，围在我身边最后一个才走。他对我寄予了很大的期望，那天，听完我的讲话，他如释重负地说，这回孩子的作文我不愁了。一学期下来，也不知道他对孩子的作文满意没有？也没有聊过，以后也不会再有机会了。

17. 小井

上课第一天，小井就被我注意，爱说话，爱接话，他总是最先想出问题的答案，或者，总会有与众不同的回答，但是他不举手，而是和同桌和邻桌窃窃私语。我制止他接话的行为时，他的目光桀骜不驯，轻蔑地瞥了我一下又看向别处，好像根本没把我放在眼里。

去卡伦湖拓展训练的路上，小井调皮得不得了。在座位上不是捅捅前边的同学，就是和后边的同学说话。我说，咱俩对视，看谁先眨眼睛，你要先眨了你就听我的。他说好，并先准备好了姿势。可是，他定力足够，我输给了他。第二次，我做了一个鬼脸，他才先笑。我决定耍赖放弃这个游戏，沉下脸严肃地警告他不许再捣乱，并给了他一个"脑瓜崩儿"。但是随后，小井真的安静了下来。

基地三天，小井忘我地投入了训练，每次我去看大家，孩子们欢呼雀跃，围前围后向我报告并给我看最新增添的蚊子包，小井并不靠前，他有他的事。或者，他很"清高"，不必主动向我表示友好，也不需要老师的关照。

我在心里暗自衡量：这个孩子，在我和他之间竖了一道墙，但是，他的"自信"源于何处呢？毕竟都还是小孩子，我说"我喜欢你们"并真心流露，大家都很接受，他不，他在意的是他是否被征服是否喜欢我。

我向原来的班主任了解情况，她说：以后，你会见识更多。教过这个班的同事给我出主意，你准备一根教鞭吧，抽他几回他就老实了。我说这个办法奏效吗？同事想了几秒钟，摇摇头，笑了：好像没有，小明老师试过这个办法，结果更加生气，在办公室里还哭过，可怜小明还是个男老师。

我认真地想了想小井桀骜的性格，又想了想小明的憨厚模样，我也笑了。

拓展回来，孩子们的感情与我有了质的飞跃，有的孩子直接表达：老师，我喜欢你。有的孩子默默不说话，但是从目光中我能感受到，就像我所期望的那样，孩子们把我当成了朋友当成了妈。但是小井，似乎还在静静观察我，不靠近。

上课时，小井依然爱接话，但是，我忽然发现，这个孩子的课外知识真丰富啊，又足够聪明机灵，所以，他总想在课堂上"哗众取宠"，以博众人"崇拜"一笑。

课间操上，小井和同学疯闹，看见我正在观察他，他马上躲了起来，捂着嘴轻轻地笑。我叫他们过来并问他们知道自己哪里错了吗。小井一脸无辜：我们——只是——在闹着玩，有什么——不妥吗？旁边的孩子看他敢这样顶撞老师，很"智慧"，也增添了几分勇气，侧过脸狡黠地笑。我带着他们回到办公室,将《小学生日程行为规范》打印了出来,我沉着脸说:背下来,然后自己看看,错在了哪条。

十分钟过后,我询问他们背得怎么样。一个孩子愁眉苦脸地告饶:老师,我背不下来,我错了。小井说:我背下了五条。老师,我刚才看了,我错在了第十条,这是学校,作为学生应该有规矩。说着,小井流利地背诵了起来。

我特别震惊,回头认真地看着小井。小井很严肃,背诵完毕,向我点点头。

我说:我发现你很爱读书?小井说:嗯,我喜欢看历史书,尤其喜欢清朝历史。我说,《明朝那些事儿》你喜欢吗?他说:不,朱元璋滥杀无辜,大权独揽,我不喜欢他。我说:朱元璋能够成功,靠的不仅仅是暴力和强权,他的胸怀韬略、深谋远虑你看到了吗?小井歪着脑袋想了想:反正我喜欢康熙,又智慧又爱民。老师,咱俩说说赵匡胤吧……

我开始对小井刮目相看。

18. 小惠的心

从孩子的作文中,我能看到孩子的心。

小惠是个文静女孩,柔柔的、怯怯的。小惠给我写过几封私信,都是针对我的全班性的批评向我表态的,比如:老师,您今天说有的同学没有学会尊重,老师,您放心,我要做一个会尊重别人的孩子。请您相信我。

有一次,她的私信与众不同,她说:老师,您今天当着全班同学的面表扬了欣欣的朗诵,她也的确朗诵得很好。欣欣是我的好朋友,可是,老师,我听到您的表扬,为什么心里会很难过呢?

小惠的朗诵也很好,那几天,她正好要参加小主持人选拔赛,我接到这封信后,马上找到她,帮她找材料,对她的朗诵进行指导。我从没提起过她的那封信,但是,我的心里对那封信有了感觉:这是个敏感脆弱的女孩,有一点自卑,很渴望关爱。

有一天,她更是写了这样一篇作文。

我的自述

大家好，我是一个漂亮的洋娃娃，我的名字叫晶晶，这是小主人给我起的名字，怎么样，好听吧？

我长着一双宝石般的黑色的眼睛，长长的眼睫毛，小巧的鼻子，一张常常挂着微笑的嘴。

以前，小主人总是把我当成她的宝宝，看电视的时候，她总是抱着我；吃饭时，她总是问我吃不吃。但我是一个洋娃娃不能说话啊，这时我多想有生命啊，这样我就可以和主人说话了！

不知道什么时候，小主人的妈妈又给她买了一个新的洋娃娃，从那以后，小主人就不喜欢我了。她每天走进房间，都直奔那个新娃娃而去，再也不搭理我了。时间长了，我的身上落了很多灰尘，鼻子尖儿也黑黑的，耳朵还掉了半边，嘴角的笑容也变得滑稽。可能小主人是嫌我太脏了没有价值了，最后，我被小主人狠心地扔掉了。

我孤零零地躺在垃圾堆里，身边是臭臭的脏物和碎玻璃，小老鼠还在我的身上爬来爬去。我很伤心，因为我再也看不到小主人了，小主人也看不到我了。好多次，我看见小主人抱着新娃娃从垃圾堆旁走过，她看都不看我一眼，好像从来就不认识我一样，我的心里流满了泪水：如果主人还像从前那样爱我在意我，该有多好啊！小主人啊！你理我一下好不好啊？

后来，我被垃圾车运走了，他们将我加工再利用，我变成了另外一种东西。我洋娃娃的一生，也就终结了。

我了解到，小惠很小的时候，爸爸就离开她了，她和妈妈来到现在的爸爸家。刚开始的时候，新爸爸对她很好，可是后来新爸爸和妈妈又有了共同的小孩，新爸爸就不再关注她了，他全部的爱都给了小小孩。虽然还有妈妈，可是小惠的心，从此还是孤独起来。

(二) 家长们的故事

1. "绑架"

东东妈妈给我打电话，语气火爆：气死我了！老师，我问您点事儿，在学校里，是不是有人欺负我儿子啊？

怎么回事？

哎呀，气死我了！我今天去接我儿子，他向我要钱买笔记本，买两本。我说你买一本就够了为啥买两本啊？我儿子说，给同学买一本。我说为啥给同学买啊，是掆啊还是人家欺负你让你买啊？我儿子又开始犯那毛病了，再咋问也不说话了。我寻思问问您，看看我儿子在学校里，是不是经常被人欺负啊？

我说，是谁让东东买本子？

那个孩子叫什么明霞。

哦，是她？不会吧？她不是爱欺负别人的孩子啊？这样吧，你调查清楚，问问孩子到底是怎么回事，我周一再解决这件事。

东东妈妈余怒未消，继续在电话那边说着。

老师，要说我家这孩子也败家，忒怂了，小时候，他堂妹欺负他，他就站那儿哭，一点儿都不敢还手，当时真是气死我了。老师，我还告诉你一件事儿，我跟谁都没说过的事儿。

这时候，东东妈妈压低了声音。

我家东东吧，还有一个毛病。老师，这事儿我真的和谁都没说过啊，我觉得您好，才和您说的。

嗯，您说吧，没问题的。

有一次吧，我发现我的钱丢了。以前我的钱没数，那段时间正赶上闹钱荒，我的钱就有数了。有一天，我发现少了一百，我找啊找，在他衣兜里发现了。我就问他咋回事。他嘴硬啊，就是没承认，就说是他爸爸给他的，给我气的啊!

这时候,东东妈妈旁边有人在制止她继续说下去,她才停止了诉说,匆忙挂断了电话。

晚上,东东妈妈又打来电话,语气舒缓了很多:哎呀老师,这么晚打扰您实在不好意思,我刚才问我家儿子了,不是明霞欺负他,是明霞委托他帮助买的本子,钱已经给我儿子了。实在不好意思啊老师,没问明白就给您打电话,您周一可千万不要批评明霞啊,要是那样,我儿子以后还能有朋友了吗?是吧老师?

我说:嗯,放心吧,我不会不问明原委就乱冤枉同学的。还有,知道明霞没有问题,我的心里很高兴。

这时候,东东妈妈又压低了声音,说:老师,上午我跟您说的那件事儿,就是我怀疑我儿子偷钱那事儿,您还记得吗?

嗯。怎么了?

老师,我儿子他姥姥说了,这回您知道我儿子底细了,这以后,您班里再有丢东西的事儿,您不得赖我儿子啊?这以后,您不得看不上我儿子啊?哎呀妈呀,那我儿子以后在班里,可怎么呆呀?是吧老师?您肯定就再也看不上我儿子了,对吧?

一瞬间,我感觉,自己被"绑架"了。

2. 比小斌更让人挠头的,是他的妈妈

同事玲玲找到我,说起小斌,一脸焦虑。她说,他到底差到什么程度了呢?你到底是想不想要他了呢?

小斌是我的学生,懒、不爱写字、不爱学习、数学成绩优秀、语文经常不及格或是贴近及格。他最让我和数学老师挠头的是他的字。数学可以,字写得再扭捏得数对了也会得分,语文就不行了。有的时候我细细分析他的字,可能是学过外星体?笔画都对,一撇一捺一横一竖,但是组合起来就不是那么回事。上课对于小斌来说也是一个负担,他经常哈欠连天或是目光虚无地

盯住某处发呆。叫他了，他也不慌不忙，慢悠悠地回转目光："啊？"好像刚刚从一场美梦中醒来。

小斌的家在乡下，他在学校附近的一户人家长托，每隔两周，妈妈接他回去一次。小斌的作业能够完成，但是不要提质量，一提质量我生气他哭泣，任我怎么说吧，他就是不改。他也不能改，因为我听其他的孩子说，小斌长托地方的环境很差很乱，在那样的环境中，小斌没有让那些充满匪气的孩子带坏，已经是万幸了。

我和小斌妈妈聊过这些情况，可是，只要是我打电话，小斌妈妈就会把我的意图想歪，她认为老师打电话给自己这是差事了。她在乡下养鸡，我一打电话她就张罗着不是送鸡就是送米的，吓得我这么多年硬是没敢告诉她我家的具体住址。

前几天月考，小斌数学考了96分，语文42分。我给小斌妈妈打电话，我说你看孩子多聪明啊，但是就是懒，你看，作业这方面你能不能多督促一下，自己亲自过问过问呢？

小斌的妈妈不说话了，只是在电话那边轻笑了一下。我心说坏了，今天的电话打得又是多余了。

果然，这不，玲玲来找我了。

玲玲是我的同事，也是单位里难得知心知意的好姐妹，我们不在一个办公室，有的时候，几周也见不上一面，但是只要是见到了，一定互相揶揄着开几个玩笑，流淌在心间的，是贴己的互相欣赏的温暖和快乐。

小斌的妈妈和玲玲又是什么关系呢？玲玲的继父的女儿的一个远方亲戚，和小斌住在一个村，小斌妈妈辗转找到了玲玲，她托玲玲来探探我的真实意图。虽然玲玲反复强调说这个老师我太了解了，别人我不敢说，要是她，我绝对可以和你保证，她表面说的什么意思就是什么意思了，绝对不会有什么意图的。小斌的妈妈在那边很焦急，她说不会吧，我都听说了，老师们黑着呢，你还是帮我探探口风吧。

玲玲也是一个直性子，她"咚咚"地给了我几个轻拳：快说，你到底是什么意思？

我回头瞥了一眼正在上课的小斌，小斌正在打哈欠，他懒散无意地也正好看了我们一眼，随后他的目光就垂下去，打算再一次陷入自己的遐想中了。

我说这些孩子已经跟了我五年了，五年，玲玲，咱们是一样脾性的人，你该了解，我对这些孩子会是一种什么样的感情，我都不敢想小六毕业他们离开我时我会哭成什么样子，因为只要想想，现在就会流泪不止。玲玲，我舍不得任何人离开我，不管是学习好还是学习不好的孩子。前几天，我们班的一个孩子走了，没和我说再见，我的心里难受了好久，后来那个孩子来，我们聊过了我才好。对小斌，对每个人，我也是同样的，我都不要他们离开我。50多人，我要一直带他们到毕业。玲玲，你我都是痛快人，你懂我，回头告诉小斌妈妈，小斌不许走，我对小斌家长的要求只有一个，放学以后，他们能尽到自己的责任，过问一下孩子的学习，关心一下孩子的生活，就可以了！

小玲在我的肩头又是一记轻拳：你这家伙儿！就愿意和你这样人办事！

我们的眼圈瞬间都湿润了。

3. 妈妈的心

最近，新新妈妈陷入了烦恼中。

新新是个憨厚老实的孩子，可是，总是遭到小朋友莫名的"攻击"。比如，上体育课的时候，体育老师教孩子们韵律操，遇到出拳伸腿的动作时，有些小朋友就拿新新做靶子，直接拳脚招呼到了新新的身上。新新很疼，可是回头看看小朋友，他都没有任何回应，只是看了看而已。再比如，有一天就很过分了，新新带了跳绳，明明没带跳绳，明明就对新新说：跳绳借我可以吗？新新说：不行吧，我还玩呢。说着，新新将跳绳向怀里藏了藏，他怕明明动硬的来生抢。果然，新新的判断没有错，明明一看新新不借跳绳，直接过来抢。抢不到，明明推了新新一下，新新就趴在了地上，胳膊，受伤了。新新站了起来，看了看反而怒气冲冲的明明，又看了看自己受伤的胳膊，委屈地哭了。

新新妈妈来找老师，找欺负新新的小朋友，找小朋友的家长……可是，以后，类似的事情还是在发生着，只是发生的方式和人员不同罢了。新新妈妈含着眼泪说：不行，我们就转学吧！

新新妈妈没有意识到问题的症结所在，其实，并不是小朋友们看新新不顺眼，也不是老师管教不严班风不正，问题是出现在了她和新新身上。

新新妈妈年龄稍大时才有了新新，娇宠疼爱至极，自不必说，这也是能够理解的。但是，新新妈妈为孩子做的事情太多了，从早上起床到晚上孩子钻进被窝睡觉，从生活细节到心理沟通，新新妈妈事事亲力亲为，事无巨细，不辞辛苦，且诚惶诚恐，生怕有半点疏漏，孩子由此受到什么委屈。新新呢，事事都依赖妈妈，恨不得吃饭，都能够由妈妈代劳。妈妈给得多，孩子依赖的也就多。遇到受人欺负之类的事情，新新的对策是找妈妈。妈妈比那些欺负他的小朋友个头高，新新也看到了，欺负他的小朋友们面对妈妈的时候，是害怕，是惊慌，是恐惧……新新终于找到了保护自己的那张伞，他得意地站在一旁看着小朋友们的惊慌和眼泪，心里，流过欢畅淋漓的一条河。

可是，当妈妈不在身边的时候，类似的恶作剧还在继续上演着，且越演越烈，因为小朋友们都明白了：新新自身，是软弱的，是害怕他们的。

俗话说，打铁还须自身硬，一个人，如果自身不强大起来，或者他根本就意识不到，那么，靠借外力，是永远立不起来的。就说新新吧，妈妈是新新的保护伞，恨不得每时每刻都陪伴在新新身边，照顾他，保护他。但是，越是这样细心的呵护，勇敢和本领，新新越是学不会。

我这样说，肯定不是在教新新也要用同样的方式方法来还击欺负他的人，我是想说，在遇到外力侵犯的时候，得有自己独特的办法去应对和解决问题，最起码，也得表示一下自己的愤怒和不满，让别人知道：我，不 同 意！一味地顺承和忍让，只会助长对方的气焰，从另一个角度来说，这也是在引导对方向错误的方向越走越远。谁会用一生的时间陪伴在你身边呢？只有自己吧。你受伤了，你自己不反抗，无意识，包括妈妈在内的所有爱你的人，都是干着急没有办法啊！

发生在新新身上的故事给我触动很大，我分别找几个曾经和新新有过肢体冲突的孩子，和家长沟通，和孩子谈话。同时，针对新新事例，我在班里召开了一次班会，我说新新是一个好孩子，待人温和，举止文雅，可是，班里却有小朋友总是去欺负这样的孩子，大家发表一下看法，他们做得对不对。班里顿时像炸开了锅，小朋友们纷纷发表自己的见解，壹迪更是气愤得脸都红了，她说：老师，我认为这种行为太不对了，太错误了，太……

晚上放学的时候，新新对妈妈讲了班会的情况，新新妈妈感激地流下了眼泪，她拉着我的手连声说：谢谢谢谢，谢谢老师，谢谢孩子们！而后，她很自然地接过儿子的书包和饭盒，将它们艰难地斜挎在自己并不坚挺的臂膀上，又用一只手爱怜地牵过儿子的手，向家的方向走去了……

看着母子俩一边走一边交流的还有点沉重的背影，我心底的担忧却是愈加强烈了。

4. 求表扬

欣欣的妈妈来找我，眼角含泪。

欣妈妈说，昨天，孩子回家情绪低落，说是被老师批评了，心里很绝望。

注意到欣妈妈用了"绝望"这个词，我认真地看了她一眼，确认她是在说真心话，我感到很奇怪。

事情的经过是这样的：昨天，我正在前边讲课，欣欣和同桌做起了小动作，还互做鬼脸。我很生气，批评了两个孩子，我说欣欣尤其严重，因为前几天就是因为说话欣欣新换了同桌，现在和新同桌依然爱说话做小动作，欣欣应该反省一下自己是不是出现了问题。

欣妈妈说，欣欣是一个自尊心很强的孩子，老师这样批评，他很难接受，也感到老师再不喜欢他不信任他了，他很绝望。

我说：你们是怎样引导的呢？

欣妈妈说：孩子总是哭，很难过的样子，看到孩子这样的状况我们很担心，也和他谈了，但是效果不佳，希望老师一会儿找孩子谈谈，夸夸他，鼓励鼓励他，不能让孩子没有信心了。

我说，你们有没有帮助孩子找找自身存在的不足？

欣妈妈用恳求的目光望着我：老师，我们平时的教育多是夸奖和表扬，昨天也是，我家孩子很优秀，您就多夸夸他吧！

说着，欣妈妈的眼泪真的流了出来。

我明白了欣妈妈的意思，心里一紧：像青花瓷一样不能轻易触摸的孩子是不禁风雨的，何况，欣欣还是一个男子汉。但是，想要和欣欣妈说通道理，看得出来，也是很难。

我说好吧，一会儿我会找孩子谈谈，正确引导他。

欣妈妈的眼里满是期盼：老师，孩子，就交给您了，您，一定要多鼓励多夸夸他呀！

我点点头，心里很不是滋味，也开始为欣欣的未来担忧。

欣妈妈很少和我接触，仅有的几次电话沟通却令我印象深刻。

去年临近期末，班里要评选读书小标兵，我提前告知同学们回家酝酿人选，第二天好投票选举。欣妈妈打来电话，说，老师，您是新来的不了解情况，我家欣欣特别优秀，年年都是三好学生，这个小标兵，孩子十分渴望得到，希望您能给孩子一个机会。

我说，这个我不能答应您，这次是民主选举，孩子要是优秀就一定会选上，您不要担心。但是，如果落选了也希望您能正确加以引导，让孩子以此为契机再多努力。

结果，欣欣并没有当选。并且，我调查过了，欣欣也并不是年年都是三好学生。

我感到问题严重：欣妈妈这样"推波助澜"其实是在害孩子——太容易得来或不是靠自己努力得来的荣誉是不会被孩子珍惜的，凭借外力一旦到手，孩子以后的努力也会大打折扣。

欣欣其实是一个优秀的孩子，朗读好，作文好，爱读书，每次考试各科成绩都优异，可是，由于家长过于溺爱孩子，容不得孩子受到半点委屈，使得欣欣的性格像个女孩子，老师一说就脸红，同学一碰就哭鼻子，更是受不了一点点打击和失败，同学们都很崇拜他，但是，却都很少接近他。

小孩子的特点我了解，他们一般是不敢和爸爸妈妈说被老师批评的事儿的，他们喜欢报喜不报忧，因为报了忧反而会招来家长的一顿责骂甚至暴打——家长们会分析出他一定是在学校里犯错误了，不然是不会无故遭老师批评。但是欣欣不是这样，欣欣报喜也报忧，忧里更多流露的是委屈和难过，甚至绝望。这不，欣妈妈受不了了，来找老师寻求"表扬"了。

同为母亲我能够理解家长疼爱子女的那份心，但是，想到后果我同样焦急。我找到欣欣，欣欣果然小脸挂霜。我说，你知道老师昨天为什么会批评你吗？欣欣点头。我说，老师觉得欣欣是一个男子汉，各方面都很优秀，但是，对自己要求却不够严格，老师说过，成功都是留给有准备的人的，小事小细节也要认真对待，不然，养成了习惯，将来，大事你又如何去做好呢？作为一个优秀的孩子，你还要学会担当，也就是，犯了错误就要勇于去承担后果，包括老师的批评和惩罚，只有这样，你才能够越来越优秀，才能够像一个顶天立地的男子汉。

还有一点你要记住，越是管着你的人越是对你好，惯着你的，其实是在害你，你要分得清，也要去寻求这种好。你懂吗？

欣欣重重点点头，脸上露出自信的神情。

这一次，我和孩子的沟通里少有夸奖，而是引导，我感觉孩子很接受，效果不错。

只是，有悖家长的"期望"了！

5. 和家长沟通的艺术

福州的教育专家何捷老师说："现在我在教师岗位上固执地有了一个新认识：只有为人父母，才有可能成为真正意义上的好教师。我不期待您认同，其中滋味要用一生去体会。"

何老师的这个观点我感同身受,我也是一位母亲,我认为母亲的这个头衔是我做老师的最大的一笔财富,因为做了母亲,我就懂得了父母的心,更能够体谅父母的辛苦,我对孩子有爱心,能站在父母和孩子的角度想问题。我没有任何头衔和职务,但是作为老师,这笔财富却让我受用不尽。

有一次,小崔的一位老师告诉小崔:让你妈妈晚上给我打电话。

小崔从小就是个乖孩子,没被找过家长,这样的阵势第一次经历,战战兢兢地,趁着我们心情好的时候才笑嘻嘻地附在我耳边说起来。他说,肯定没犯大错误,就是字写得不好看,被老师批评了。当时也正赶上老师正在生别人的气,忽然看见我正在写数学题,所以,就,呵呵。

我说这是好事啊,你那字也真得有人管管了,哪像个好孩子的字?中考不得吃亏啊?太不像话了。

小崔脸红了,拖着长音和我撒娇:妈,以后肯定好好写字就是了嘛!

我从心底感谢老师。

可是,电话打过去,老师却语气冰冷,说,没什么大事,就是孩子的字你得多管管了,不太好。我不和你多说了,我很忙。

"啪",电话挂断了。我除了一声"老师您好,我是崔牧妈妈",竟然连"嗯"的机会都没有得到。

我有些茫然,半天才从电话里醒过神来,老师这是生的哪门子气呢?或者,平时就是这样的说话语气?

我没有和孩子说起老师的态度,我只是说老师很负责,说得很中肯,对你也很重视,说你要是字写得再好点就更优秀了。

孩子很开心,高高兴兴地学习去了。

我开始换位思考,假如我也和我的学生家长这样去沟通,家长们会怎样想呢?会不会也像我这样心里不是滋味但又不知如何去化解呢?本来是一番好意一片好心,本来是为孩子负责会让家长感谢的一件好事,为什么不能友好和善地去说呢?是在责怪我平时管教不严吗?那就更应该好好说了。做家长的谁都明白,老师一句话胜过家长千句言,老师能就这件事和家长沟通本身就对孩子是个促进，做家长的，哪能不配合呢！但是，话又绕回来了，就不能好好说啊？

哎，老师和家长沟通，真是一门艺术啊！

从那以后，我更加注意和我的学生家长沟通的语气和态度了，平和、友善、亲切自不必说，最重要的，是理解，是尊重，是站在家长站在孩子的角度说问题。比如，孩子不写作业，我会帮助家长一起找原因，一起想办法；比如孩子爱打架，我会请家长协助我做通孩子的思想工作——打架，不但会影响团结，还会发生危险；比如两个孩子闹矛盾，我会劝家长可千万不要跟着掺和，别回头没等咱的怒火消了孩子已经又好成一个人了……我和他们像朋友一样相处，处处为他们想，站在一条战线上教育孩子。所以，无论在哪里，家长们和我的关系都很好。

还有，但凡我能解决的问题我绝对不找家长。说实话，我认为动不动一点小事就找家长，作为班主任老师，这是一种无能的表现，除非这件事情一定需要家长来协助了才可以。

还有，我轻易不会对孩子说"让你家长给我打电话"，有事情我会直接将电话拨过去，亲切地问好再交谈，或者我知道家长的工作性质特殊不方便接电话，我就短信相约或是直接在短信里谈。

我还将我的这一点点经验告诉身边的年轻人——和家长面对面沟通，或是接打电话的时候，一定要注意态度和分寸，不要摆架子，更不能带情绪，要平等交往，要尊重对方。

细节决定成败，我们尊重家长，自然也会赢得家长们对我们的尊重。

当然，在有些时候，在有些家长面前，还需要不卑不亢，维护自己的尊严。

6. 细节决定方向

下课，走廊里传来小鱼的哭喊声：就是冤枉我嘛，我根本就没说话。

同学告诉我，小鱼在给爸爸打电话，哭诉刚刚在语文课上受到的委屈。

过了一会儿，小鱼回来了，眼泪还在脸上淌。我叫住他，问他怎么受到了委屈。

小鱼说，老师，刚才明明我没说话，南景耀偏向您告状说我说话了，结果被您批评了……

我说多大个事儿，没说就和老师说一声没说，这事儿就过去了，这也给爸爸打电话？爸爸怎么说？

小鱼哭得更凶了，我老爸又给我一顿臭训，和您说的一样，说我心胸不开阔。

我的心里一宽，难得家长理解老师，无形中给彼此减少了很多不必要的烦恼。

我开解小鱼，像这种事情的处理，爸爸说的是对的，有就和老师承认就说下次改，没有就和老师说没有，要让这件事情在课堂上尽快过去，以保证授课能顺利进行。你说你可倒好，还纠结到下课去了。表扬你的爸爸，他能够冷静地分析出事情的原委，不然，你哭成这个样子，爸爸以为宝贝儿子不定受多大委屈了呢。

再说，南景耀为什么会说是你说话了？因为声音是从你那边发出来的，你没说，那就可能是你的前桌和同桌说的，南景耀又没有面向着你们听课，他难免听错，我敢肯定他不是对你有意见要告你偏状，你又何必委屈成这样子？你是班长，是同学们心目中的榜样，是老师的得力助手，这不等于老师不能批评你，同学们不能冤枉你。这样的批评和"冤枉"在课堂上时有发生，老师若是一一化解，同学们若是一一纠结，这堂课还上不上了？

南景耀过来了，小鱼，对不起，我不应该没看明白就向老师告你的状。小鱼点点头，老师，我明白了。

我没有给小鱼的爸爸打电话沟通，他很忙，我知道，我也很忙，我很感激他的理解，一点点小事，就能看出家长的素质和教育理念。

小鱼爸爸让我想起前一段时间发生在同事身上的一件事情。

班里一位同学说前边女孩的小垫儿太高，她看不见黑板。老师就和前边

43

女孩说你回家换一个薄一点的小垫儿吧。前边女孩哭了。后来，家长找上门来，说老师偏向后边的同学。老师很惊讶很委屈，觉得自己没有错。后来这件事儿闹到了校长那里，校长也很纳闷，一个小垫儿的问题，家长给孩子换一个就完事了，至于上升到老师偏向的高度吗？

现在一家都是一个宝贝，家长们唯恐孩子受到一点点委屈，所以，稍有"风吹草动"马上出击。并且，家长们也总是用他们认为的老师的样子去看待老师，不相信老师有爱心，不相信老师无私念，不相信教育有净土，他们眼中想当然的老师的样子，真是越看越像越描越黑。像小鱼爸爸这样的家长，老师们遇到了，真是一种福气啊。

家长理解老师，老师理解家长，互相都站在对方的角度考虑问题，都站在同一战线教育孩子，教育变得何其简单。

7. 由孩子玩电脑想到的

我的第一届学生今年参加高考，孩子们纷纷向我汇报喜讯，我的心里像喝了蜜一样甜，同时，忙不迭地和孩子们探讨学习经验，好用来教育儿子小崔。

但是，我当年最得意最看好的学生小张却一直没有联系我，同学捎话说，他说他没考好，觉得辜负了老师，不好意思来见老师了。

小张当年是我的大班长，性格倔强、幽默风趣、有见解。我接任他班的第一天，他私下给班委会成员开会说：我看这个老师不错，收了她吧。

小张极聪明，思维活跃，成绩也一直优秀，我当年就暗暗揣摩，将来这孩子给我摸个清华啥的也不是不可能的啊。

小学毕业的时候，我说，取得好成绩才能考上重点中学重点班。小张一发力，考了个小县城第一名。初中毕业的时候，妈妈说，你要是能考上重点高中重点班，我给你买电脑。小张是个乖孩子，老师和妈妈说电脑是"老虎"不能碰，他就真的从没碰过，虽然一直向往之。这次小张又一发力，真的考上了重点中学重点班，妈妈高兴地兑现了诺言。

可是，万万没有想到的是，小张一发不可收拾，从此，疯狂迷恋上了网络。别的孩子都已经玩过了，他才开始新鲜。当别人提醒他的时候，他听不进去，他还想着，没事，我有爆发力，等到高三的时候我一发力，就成了。他还以为是在小时候呢，他聪明，那些考试他能够轻松应对，高中可真就不是那么回事了，大家都在拼命学，你不学，一天就被别人拉得远了！

高三时候，小张醒悟，已经晚了，他罢网别机，辛辛苦苦拼搏了一年，但是成绩出来，和从前那些不如自己的同学比起来，也已经相距甚远了。小张还不想复读，只好走了个一般的本科院校。

啧啧，真让人痛心！

分析原因，一是电脑惹的祸，二是家长的引导没有及时跟上去。

经常有家长向我探讨该不该给孩子玩电脑的问题。我的观点是，玩。电脑本身没有问题，问题是我们怎样去引导孩子认识它。你首先先别把电脑当成一个"大老虎"，它只是你家里相当于电视、微波炉一样的一个家用电器，一个能够给你们的生活以辅助作用的工具，以这样的语气、心态引导孩子接触电脑，是什么问题都不会有的。像小张，家长和老师过于渲染电脑的危害了（也的确有很多活生生的案例），反而在小张的潜意识里形成了强烈的对电脑的渴望，一旦得到，再没有人正确引导，深深沉陷，也是情理之中的。其实，细想想，多少孩子被电脑害了，都是大人没有引导好。

前几天我看一段微博，说杨澜大气、有胸怀、有见识，是和从小的家庭教育分不开。杨澜三四岁寄居上海外婆家时，年轻的舅舅常在领了工资的周末带她去最高级的红房子餐厅吃西餐，去淮海路照相，去看最新潮的立体电影。长辈责怪他为个小孩子乱花钱，他说，女孩子就要见世面，不然将来一块蛋糕就把她哄走了。这就是著名的"男孩穷养、女孩富养"之说。这种说法也可以刷新家长们关于电脑和孩子之间的心理纠结，从小就让孩子见识，长大了，他就不觉得稀奇了。

除了电脑，小孩子在青春的路上还要遇到很多问题，比如早恋，比如交朋友，很多事物对他们来说都具有巨大的诱惑，他们辨别是非的能力弱，有的时候难免误入歧途。但是，我也观察到了，我周围的很多家长，是不大会和孩子沟通的，他们也很少给孩子讲一些孩子们应该知道的知识和道理（比如生理知识，比如青春期男女孩的交往等），孩子们只有通过其他渠道去获取，这也是电脑和"坏"朋友的诱惑之一。家长们要么觉得自己是一家之主，语气生硬，危言恐吓；要么娇宠惯溺，让孩子没有约束。这些做法都会让孩子越走越远，以至于最后"无法掌控"。

所以，就像当年大禹治水一样，当家长和孩子们的青春期碰撞之时，凡事宜疏不宜堵，家长可以以故事的形式将你认为重要的知识讲给孩子听，可以杜撰。比如你给孩子讲单位谁谁家的孩子因为沉迷网络造成了什么什么样的后果，或者早恋，造成了怎样怎样的身心伤害等等。其他问题，也可以同样方法炮制处理。但要说得真实巧妙，就像唠家常一样，而不是生硬说教。成功的家教与父母的言语表达息息相关。尤其是父母跟孩子说话的语气，将对孩子的情商、智商、气质、修养产生深刻的影响。同时，我们做大人的还要尊重和理解孩子。孩子大了，他会思考，时间久了，这些暗示就会在他心里形成免疫力，凡事，他也就见怪不怪了。

8. 严厉要不要

早上，刚刚来到班级不久，彤彤就来了，随之进来的，还有琦琦和几个小男孩。琦琦说：老师，周日我去哈尔滨了。旁边的彤彤说：老师，周日我去美国了。我说：是吗？是吗？是坐飞机去的吧？飞机票一定很贵的吧？彤彤说：好像是三块钱一张飞机票吧。我呵呵地笑。琦琦看见我笑，指点着彤彤说：飞机票哪有那么便宜啊，不得十块钱啊！

早自习，孩子们已经能够静下心来读书了，只有几个小朋友悄悄地说话，我拍拍手，教室里就安静下来了。

课间操，后边的几个大男生也安静了下来，上周说我太严厉而不习惯的孙煜琪也乖了起来，因为今天的语文课上，他发言积极，我又适时表扬，他的积极性上来了，所以，对于我的严格，也就能够接受了。今天上课表现与以往不同的还有姜英泽和黎子萌，他们两个和孙煜琪是上周我重点注意的对象，淘气，不听课，家长们也纷纷表示没办法。可是今天，他们却表现得异常积极和乖巧，听课、发言，还热爱劳动。原因是他们第一次表现好的时候我就发现并适时表扬了，他们以后就做得更好了。因为，对于小孩子来说，他做好了，他有一点点小变化老师都会发现并表扬，以后，他就会做得更好。反之，孩子就会失望而不会再去努力表现自己了。

可是，对于我的严格，也有孩子吃不消的。晚上放学在操场上等待家长来接的时候，小萌悄悄对我说：老师，小然说不喜欢你。我说为什么啊？小萌说：小然说你太严厉了。

我拉过小然的手说：你喜欢老师吗？小然低下头，不说话了。这时候，小然的妈妈正好过来了，她接过话茬说：按理说吧，您对孩子严厉是好事，我们应该支持，可是，这孩子的能力也得培养不是吗？我说：严格和培养能力发生冲突吗？小然妈妈说：我家孩子原来是站在走廊里看着同学戴不戴红领巾的监督员，可是您来了以后，这差事就取消了，您说，这俺家孩子的能力还咋培养吧？

哦哦哦！啊啊啊？

我对小然说：你明天继续站在走廊监督同学们戴不戴红领巾吧。

小然乐了，小然的妈妈也乐了。

我说：小然，这回你上课再做小动作和说话，老师管你，你还认为老师严厉吗？小然说：不，老师管我是对的。

虽然家长的思维方式和教育方式我并不赞同，但在这件事上我也看出来了，对于小孩子来说，如果他认为你对他好或是重用喜欢他，你对他的教育他就会乐意接受了。不然，教育等于白搭，他们还会和老师逆反的。

9. 借钱

前几天，在班车上听同事讲过这样一个真实的故事，觉得很有意思。

红红教一个年级的音乐课，因为每周的课数少，教的班多，所以，她和

47

家长们少有联系，基本上，都不认识，只是和个别家长相熟些。比如一起坐班车的孩子家长，比如同住一个小区的孩子家长。见面打打招呼，或是聊几句，也仅此而已。

去年快要过年的时候，红红忽然接到一个短信，短信上说："我是您的某某班的学生某某某的家长，老师，十万火急，我家发生一些变故，需要一万元钱周转。您能借给我吗？只用一周，一周之后，绝对归还。我姑娘总说您好，我也觉得您好。"

这条短信给红红着实吓了一跳。那位家长红红有印象，她总来接孩子，因为红红是孩子的老师，她们就曾经在班车站点就饮食、服装等问题交谈过。那位家长很爱笑，也很漂亮，很健谈。红红不知道她是做什么的，不知道她家有什么背景，不知道她姓什么叫什么，这忽然就过来借钱，还是一万！用红红的话说，她彻底蒙了。

红红暂时没有回短信拒绝，她有另外一种想法：这样萍水相逢就能借钱，可能，人家真遇到什么困难了。这种或许走投无路时的被信任，让人有一点小感动。但是，钱，是不能轻易借出去的，谁家的钱都不是大风吹来的，特别是女孩子，挣点钱攒点钱不容易，万一遇到骗子，钱不就白瞎了嘛。嗯，好好问问再说吧。

第二天，红红谨慎地向女孩的班主任小薇了解家长的情况。小薇说：怎么，也向你借钱了？

红红惊住了：她也向你借钱了？

小薇笑着摇摇头：没有，人家暂时还没"看好"我。前几天，她向咱班的数学老师张老师借五万，说是做买卖倒转不开。张老师家正在买房子，没有闲钱外借。她又向咱班的英语老师孙老师借一万，说是孩子姥姥住院急需。英语老师正好去了日本，没接到短信，哈哈，也闪过去了。随后她又给美术老师发短信，借五千，美术老师根本就不熟悉她，更不能借了。并且，私下里我还听说，有几个和她相熟的家长也被借钱了。有借给的有没借给的，借钱时说得挺好几周一月肯定还，但现在两年三载过去了也没有音信。反正，我了解过，亲戚朋友不用说了，能靠上边的，说过话的，笑脸交谈过的，基本上，她都借过钱。没想到，你也中招了！

喝了一口水，小薇接着说：其实，这个女孩的家里有一个很不错的买卖，收入很好，但是女孩的爸爸好像不太着调，经常十天半个月的不回家，说是好赌，估计孩子妈妈这样四处疯狂借钱，就是给孩子爸爸还赌债什么的呢。一家不知一家，看着挺好的买卖，有一个这样不顾家不着调的男主人，也许也只是一个空架子吧。但是，再怎么地，也不能拿孩子的关系来做这样的事啊？这让孩子可怎么在群体中生活啊？

最后，小薇苦笑着摇摇头：咱班家长太给力了！

红红的钱终于没有借出去，但是，那位家长也不再搭理红红，再见面，就像不认识似的，即使碰头，也拉着孩子低头走开，再也不见当初的微笑和礼貌了。

红红这个郁闷：我这是错哪儿了？

我的一位朋友曾经在个性签名上说："想要和你的朋友绝交吗？借钱给他！"我最好的朋友平也曾经警告过我，女人不要做两件事：一是不要借钱给别人，除了你的亲人；二是不要向别人借钱，除了你的至爱。

林林总总，在我心中打下坚实的烙印：无论是向别人借钱还是借钱给别人，都需要慎重，都需要谨慎，需要看事，更需要看人。

像这样但凡脸熟就借钱，甚至不给孩子留尊严的人，也是借钱者中的"杰出人才"了。

（三）同事们的故事

1. 同事的烦恼

我的同事小黄，最近在单位里遇到烦心事：一个家长因为两个孩子打架的事情对她心存抱怨，不依不饶地到领导面前告她。小黄在办公室委屈垂泪：我对这个孩子最好了，逢年过节，我到商店里给她买衣服和鞋，全是品牌啊，我自己儿子都舍不得买！真是遇到白眼狼了，这一转身，一个不顺意就来告我来了！

是啊，小黄委屈是有来由的，她对这个孩子最好，平时和家长沟通嘴也甜：姐，咱儿子今天有些不舒服……

小黄教学没问题，她是市级名师，经常出去讲公开课，我们在一旁观瞧，是她对待孩子和家长的态度出现问题：班里她不喜欢的孩子犯错误了，小黄各种打击和挖苦的语言张嘴就来：我算是看透你了，一辈子也没啥出息了；班里那些家庭条件好、父母有背景的孩子犯错误，她却肯于原谅，宠着惯着舍不得说。孩子们形容小黄的脸就像变色龙，面对不同的孩子有不同的对待方式，刚刚还像挂着一层霜，转眼就成一朵花：哎呀，宝贝你今天穿得可真是漂亮，你这双鞋得多少钱啊？你妈真会打扮你，啧啧！给家长打电话时态度也不一样，对家境好学习好的孩子的家长小黄语调温柔，对学习不好或是家庭条件不好的孩子的家长小黄的语气冰冷生硬。小孩子是最知冷暖的，时间久了，无论是她偏袒喜欢的还是不喜欢的孩子，都和老师分了心。渐渐地，班级变成了一盘散沙。凝聚力不在，孩子们也就没有了斗志，班级各项活动也都退了步。随着年级的增长，家长和学生的怨气逐渐升级，遇到一点不顺心就想发泄出来，所以才出现到领导面前告状的事情来。

透过现象看本质，小黄要想管理好班级，在家长心中重新树立威信，除了公平对待学生外，还要注意和家长的交往——老师和家长交往，最忌"亲密无间"。因为家长和老师交往的目的不是处朋友，而是希望自己能协助老师教育好学生。所以，为人师的，专心管理好班级教好学生就是了，自己的本职做好了，带出好班级，孩子在老师的教育下变得越来越懂事文明，越来越优秀，家长的敬重和喜爱自然来。物质方面，更不要给孩子太多，我经常看见小黄给孩子买礼物，说是"礼尚往来"。因为家长不需要，他们需要的，是老师像阳光一样的对孩子精神上的赐予，老师真正对孩子好，不是给他们分糖果吃，也不是送东西给他，而是教育好他，让他学会做人，让他懂得道理，让他掌握知识……这才是老师送给家长最好的礼物，做一个好老师，才会惠及学生，才会让家长信服并愿意配合，才会爱满天下！

是的，和家长交往不用很复杂，理解、尊重、友好、亲切、温暖，但也要不卑不亢，切忌称姐道妹，亲密无间，这是自然法则。真的希望我的同事们能人人懂得。

2. 小议《河豚之死》

同事讲公开课，和孩子们说了这样的故事。

有一个小朋友，走路没走好不小心撞到墙，碰疼了头，大哭起来。家人跑过来，一边揉孩子的头，一边拍打墙壁：坏坏坏，谁让你撞到我的宝宝了？小朋友一看高兴了，不哭了。

还有一个小同学，蹲在地上系鞋带，一个不小心没系好，系成了死结。他气急，大声哭叫，一边哭一边大声叫骂：臭鞋子，臭鞋带儿……家长在旁边看到了，也跟着一起骂起了鞋带儿。

同事说这是日常生活中司空见惯的场景，对于息事宁人是有效果的，但里头却可能藏着危险，那就是让孩子从小就养成迁怒的心理习惯，遇事首先不自我检讨。下边这则《河豚之死》说的就是这个道理。

河之鱼，有豚其名者，游于桥间，而触其柱，不知远去。怒其柱之触己也，则张颊竖鳍。鼓腹而浮于水，久之莫动。飞鸢过而攫之，磔其腹而食之。

译文：

河里的一种鱼，它的名字叫豚，在桥墩之间游动，撞到桥的柱子，不知道离开桥远点。（河豚）恼怒那柱子撞了自己，张开鱼鳃立起鱼鳍，（因恼怒而）鼓起肚子浮在水面上，很久不动。老鹰飞过抓住了它，撕裂它的鱼腹把它吃了。

分析河豚之死的主要原因，首先它喜欢游动不知道停止，碰到东西，更不知道其实是自己的过错，反而用错误的方式发泄自己的愤怒，导致灾祸发生。这个故事比喻那些犯了过错不能自己检讨，反而自暴自弃，将错误都怪罪在别人身上的人，告诫我们受到打击后要首先自省而后改错，而不要迁怒于人，以致酿成大错。

这个故事让我想起了我认识的一个男子，他长得高大威猛，内心却异常脆弱，性情急躁，喜怒无常，一点点小事就会大发雷霆，别人不能反抗，否则，他就会摔东西甚至对人进行攻击，他从不承认自己有错，更不会反省，即使造成了伤害，他也会将过错推给别人：要不是你激怒我，我能发脾气砸东西吗？都怪你都怪你都怪你！后来，他的妻子实在忍受不了他的这种坏脾气，离他而去了。

这就是典型的河豚之怒。

我看过朋友圈里的微信一则："儿两岁。某日，头撞桌角，长一包，大哭。一分钟余，我走向桌子，大声问：'桌子呀，是谁把你撞疼了？哭得这么伤心？'儿止哭，泪眼看我。我抚桌，冲儿问：'谁呀？谁撞疼了桌子？''我，爸爸，我撞的！''哦，是你撞的，那还不快向桌子鞠个躬，说对不起！'儿含泪，鞠躬，说：'对不起。'"从此，他就把儿子领上了负责和担当的路径。

话再说回，我们大人，即使从小没有受过良好的教育，长大了也要学会反省，遇事懂得寻找自己的缺点和不足，不要眼睛总是盯着别人看，不迁怒，不自我，修行自己，做好自己，理解他人，对成熟的人来讲，这都不是外部的强力要求，而是自己内心的需要，因为经验会告诉我们：这样做的结果，对自己大有好处。有人说一个人真正的成熟不是掌握了多少大道理能够去教育别人，而是认清自己，知道用标尺衡量自己的不足。这样好的人自然惠及他人爱满天下。

万物有灵，河豚之死，足以令我们反观自身的局限："犯了过错，不能自己检讨，而是自暴自弃，将错误都怪罪在别人身上。"道理简单，明白却真难，认清自己，看得懂自己，敢于面对自己，才是真进步！

3. 由黄大家三只猫想到的

我的朋友黄大家来了一只猫，叫多多，原以为，家里的那两只不定会将客人欺负成啥样呢，会不会让多多过好年呢？黄大嫂忐忑不已。没成想，那只花的先自躲了起来，另一只略见过点世面的白猫先是撑硬地摆摆架子，但见多多凌厉大方，也虚晃了几下蔫退了。后来，平日里掐架内讧的两只猫团结了起来，和大摇大摆满不在乎的多多小心翼翼地相处着。

这几只猫的故事，让我想起了教育职场中的几种人。

单位有新老师加入，每个旧人都会产生想法，和自己无关的，偶尔议论几句就忙自己的事儿去了；和自己有关的，比如分到了一个团队，比如成为了自己的对手，比如就坐在了自己身边，那么，就出现了一些反应，有几种人很有意思。

第一种是逢迎型。

这样的人很会察言观色，新人是否受领导器重，手中是否握有权力，在单位里是怎样的位置，他们都会在最短时间内观察明白。而后投其所好，以利于己，拎包、引路、聊天、献策……热情得让新人如遇知己，感动至极。但是这样的人变脸也快，新人必须永远强势或是占据上风，不然一旦失宠，他马上会变成掌握第一手材料的那把刀，暖得你快，插入你心脏的时候，也是最快最直接。并且，他对你已经毫无兴趣了，再见面时，冷漠得犹如冰霜。

第二种是欺软怕硬型。

有这样一句话在教育界坊间流传：老的欺负大的，大的欺负小的，小的欺负新来的，新来的怎么办？只有等再有新来的呗。这样说有点悲观，但是，这种现象的确存在。新来同事，此种人会各种方法试探之，先小恩小惠买好，探其底细，若是强硬型，此后必是恭恭敬敬，小心行事，不敢怠慢。若是性情温和型，必是欺负你没商量。怎么欺负？嘿，花样多着呢。

第三种是以貌取人型。

新来的老师，大家都很关注，穿得怎么样，老公干什么的，老爹是不是"李刚"，家里有没有钱，有没有车，有没有社会地位等等。这些观察好了，他们再决定给予什么样的态度。有车有钱有背景的，笑脸相迎甜哥哥蜜姐姐，特别尊重。若是啥啥都没有的，那就怪不得人家对你摆脸子看不上你了。

其实，这几种人平时在一起相处得也不好，使坏、斗心、表面热闹背后狠踹，但是，一旦"共同的利益"受到侵犯，不用沟通，无需交流，他们马上会团结起来，同心对外——冷暴力、分帮派是最常见的伎俩。

黄大家的多多想必当初也是极其踌躇的，新到一个环境，一切都是陌生的，看得见对方的脸，看不见笑里的心，一切都难以捉摸，初生牛犊不怕虎，只有硬闯吧。

总之吧，新人来到一个新环境，就像多多一样，你得有气场，要么有才要么有财，要么有貌要么有手腕，要么有背景要么有关系，最不济的，你也得霸气点，不然，几个回合下来，你就会淹没在茫茫大海之中，连一点吃的都捞不到了。

纯属八卦闲聊，还请看官切勿对号入座。

4. 活儿，都是给自己干的

单位新来几个实习生，都拜了师，跟着师傅熟悉和学习业务。但毕竟是新人，经验不足，除了跟师傅学习外不能上讲台讲课。有一些小孩勤快，办公室里的杂活儿就多干了一些，有一些小孩却生出了抱怨：哎呀呀，我们又不是来打工的，整天就是干这些没用的活儿……有的孩子索性撂挑子回家辞职不干了！

我不禁想起我刚入职场时的样子。

我还没有毕业的时候，利用空闲，到我爸单位去做实习老师。我爸是校长，那些叔叔阿姨或是哥哥姐姐们都拿我当公主一样宠着。我实习的那间办公室很大，办公室里横七竖八排列着十几张桌椅，坐着十几位老师。刚去的那一段日子，屋子里始终安静极了，大家都在埋头做事，很少说笑，谁和谁想说点什么了，就凑到一起小声聊，偶尔的爆笑几声，忽然抬头看见我，就马上都低头继续做起事来——后来我知道，我进到那间办公室，大家还以为是我爸安插在办公室里的眼线呢。

我爸叮嘱过我：年轻人，多干活少说话，要有点儿眼力见儿。于是，每天我都早早地去上班，将大家的桌椅通擦一遍，再扫地拖地，烧好热水……

办公室里需要跑跑送送地杂活儿,我更是抢着干,年轻嘛,不在乎劳动,更何况我爸家教在先。

渐渐地,大家相熟起来,办公室里的叔叔阿姨哥哥姐姐看我懂事,也不乱说话,也就对我亲切起来,家里有好吃的都惦记给我拿来一份,还争着抢着给我介绍男朋友,最关键的,我终于看到了他们的"真面目":都是结过婚的人,竟然如此爱说段子,他们也避讳我,想说了就撵我出去:去去,小孩儿,到外边呆会儿去!说够了笑够了再敲敲窗户让我回去。有的时候他们也会对工资、福利待遇等发几句牢骚、说几句抱怨的话,有的时候撵我出去有的时候忘记了没来得及,后来看我也不在我爸面前告状,就索性再不避着我了。我爸也从来不问这些,叮嘱的,总是那几句话:多干活少说话,没你亏吃!

现在,老爸躺在了病床上,回顾他的一生,我开始理解他,理解他那时的宽容和大度,还有一颗爱着大家的心和对我的教育是多么正确和严明:多干活少说话,让我终生受益。

因为我懂事,办公室里的大人们都特别喜欢我,也愿意将他们的真本领教给我。张顺老师爱喝茶,我每天早上都泡一杯热茶放在他的桌子上,他后来就教我练毛笔字。可惜我在那个单位呆的时间短,再加上我对练毛笔字兴趣不大(我那时候总认为我天分不够),只会写了几个笔画,就离开了。但张顺老师告诫我的话我永远记住了,他说:生活就像这写字,要踏踏实实一笔一划地来,否则,你走不稳。夏虹老师是教数学的,大大咧咧,粗线条,喜欢大笑,做起班主任工作来却是粗中有细,她告诉我:教育学生有两种方式:一种是体罚教育;这种教育效果是最快的,立竿见影,马上有效,但是,它不长效,到最后它会变成恨;还有一种是情感教育,就是爱;从教师的内心向外生出的真爱,从爱出发,再晓之理动之情,润物无声甘霖渐洒。这种教育方式见效慢,但只要见效,就是长效。夏虹老师的这段教诲指引了我一生的教育之路,在以后的教育过程中,每每遇见调皮的孩子,心头恨恨眉头紧蹙,夏虹老师的声音总会在我耳畔响起,于是,我又开始给孩子讲起道理来……

现在的年轻教师可能不会懂得我当年的"用心良苦",其实,当年我也并无居心,只是简单地遵从老爸的命令罢了,最关键的,我不是简单的傻干活,我爱学习,喜欢向长辈请教,多听多记对自己有益的东西,吸纳营养,让自己丰富强大起来。那么大的学校,每一位老师都是一座小金库,一个人身上学一样,就够我受用终生了,现在很多东西,都是那时候学到的。所以,活儿,其实都是给自己干的,看似受益别人,其实成就自己。真的希望现在的年轻教师能够懂得。

5. 山子

对山子的第一印象,感觉他有点痞,就是很油滑的样子,笑嘻嘻的,好像不太着调。

教师节,大家聚集在圣德泉联欢,他和薇薇主持,幽默、机敏、灵活,想唱就唱,想跳就跳,浑身都是才艺。要抽取一等奖了,曲校长说,有请我们的大宝宝上场,山子马上扮萌蹦跳着上台,逗得大家开怀大笑。

第二天,大家游览松花湖,回程的途中,我忽然听到后边传来大狗的"汪汪"狂吠,我吓得惊叫跑到路边。回头,没有什么大狗,所有人都该干什么干什么,并没有人像我这样惊慌。冰挽着我的手笑,她说是山子啊,你来的时间短,我们都已经被他吓过,所以都知道是他的恶作剧不怕了。山子果然就在身后,他看都不看我,哼着歌儿从我身边飘过。我惊魂未定:啊,怎么会学得这样像?

我记住了他。

后来,他教我们班的音乐课,我们成为搭档。第一天,上课之前,班里有点吵闹,山子来了,前边一站,严肃地喊了一嗓子:上课!孩子们立马绷着强忍笑的小脸站了起来,一点声都不再有。我说还是男老师有力度。后来,上了几节课,我发现,不是因为他是男老师的缘故,而是孩子们真喜欢他,喜欢上他的课。他幽默,有责任心,爱孩子,有的时候任由孩子们"欺负",

有的时候，也沉着脸装生气，他和孩子的心贴得很近。哦，是真有一套。

后来，他作为学科优秀带头人在大会上讲话，别人都是照着准备好的稿子讲，他也有准备，但是读着读着就即兴发挥起来，他给大家讲那个著名的故事，"千里家书只为墙，让人三尺又何妨。万里长城今犹在，不见当年秦始皇"，他说大家在一起工作不容易，要开心，要快乐，更要团结，他说他每月那点组长费还不够请大家吃饭呢，但是他愿意……

山子说的都是实在话，又激情幽默，大家还以热烈掌声。

山子有一辆小破车，已经有年头了，冬天冷夏天热，四处漏风，四处叮当。

山子很爱他的车。今年冬天，山子给爱车换了四个雪地胎，可是干等不下雪，雪地胎都快磨光了。山子想，今年就不会有雪了呗！情人节前一天，天气变暖，山子就把雪地胎换成了普通胎。情人节这天，大雪漫天，山子差点没哭。大家还埋怨他，说山子你早换车胎早下雪了，都怨你。

情人节那天，我在单位值班。中午，和几位加班同事一起出去吃饭。吃得差不多的时候，大家点了点，还剩下一个玉米面大菜团子，山子说，老规矩，转桌呗，转到谁那儿谁吃掉。大家说太大了，还是分成四段吧。菜团子被分成了四段，开始转。慢慢悠悠地，转到了我那儿两次，冰说你可以去买彩票了。山子说必须都得吃掉，这是规矩。我就坐那儿端着大半个菜团子闷头吃，他坐在旁边监督……

那天回去的途中，德高望重的吴老爷子一定要坐山子的车，聊着天，说着笑话，一路向回飞奔。

心里有阳光的人，无论是学生还是同事，大家都愿意和他在一起。

6. 那一片天空，那一片海

南方的大雪堵塞了多少旅人回家的脚步，我在温暖的家里，我不焦急。我只有一个亲人在广州，她说无论怎样，5号也会飞回家乡见她可爱的女儿，所以，我不焦急。这是我心底最真切的想法。可能无可原谅，但是它确实真实存在。

窗上的冰花一冬未化。它在向阴的一面，很久也见不到阳光的笑脸，可是它终有融化的那一天，因为春天就要来到。是呀，春天就要来到了，我忽然很企盼它。我喜欢漂亮的衣服，喜欢春天盛开的鲜花，喜欢春雨蒙蒙地滋润，这所有的一切美好，春天都会给我带来，我又怎能不爱它？

在单位里值班，班里的几盆花开得正艳。一位无意中看到的同事朋友一定要将这花拿回他的家中，说开得这样好，没有人观赏它们不是可惜了？我忽然急了，第一次这样直白地拂去人家的情面。我说不可不可，外边寒冷，它们若是被风吹着了怎么办？回到你的家中，它们若是不适应了你家窗台上的阳光怎么办？你家有一只凌厉的猫，我知道。淘气的猫要是在那盛开的花枝上荡秋千了怎么办？我问得朋友的目光有了些许怨怒，他说花开就是给人看的，我不去看它，它开得又有什么劲头？

我的同事朋友，爱花这正开着的正好年华，可是当花枯萎，当花败落，或是正当花年幼的时候，他又能否懂得它的美而来爱惜它？或是浇水培土呵护它？不能吧？只是贪图它正开时的娇艳吧？

那么他的欣赏花又何必在意？

花儿的心意其实我懂。在它还是青涩的时候施予它温情爱护，它们的美丽繁花就是为那施予的人绽放。窗外的丁香树会在初夏的时候爬上它的窗楣向它投来爱恋的清香，还有风中的拂柳，和它说些什么，它又回答什么，这些都是花的故事，花的心动，我们又怎能明白？

他又怎能明白？

（四）我的故事

1. 游戏

这是我和孩子们做的最特殊的一场游戏。

我经常和孩子们做游戏，语文课上成语接龙，体育课上踢毽子，课间休息的时候我完全忘记了自己是威严正统的老师，和他们一样在操场上丢沙包跳跳绳，你争我抢地互不相让。

可是今天这场游戏很特殊。

上午第二节课下课的时候，小胖子阿杰提醒我：老师，我刚才扫地的时候好像看见谁的手伸进了你的包包里。我一愣，直觉告诉我：可能有人拿我的钱了！

平时我很随意，包包经常敞开着拉链放在第一张桌子上，班里的孩子多，还没有讲台，包包只能放在第一张桌子和窗台上。班里倒是有几个爱占小便宜的孩子，但是好像不至于胆大到敢偷老师的钱的份上吧？我犹疑着。

我仔细检查包里的钱物，少了五元钱。

我记得很清楚，早上小崔向我要十元钱买中性笔，剩下六元钱我随手放在了最外边的小包里，一张五元的，一张一元的，还有我的手机也一同放在了那个小包里。第二节课下课来了电话，我打开小包拿出电话，边接电话边走出教室，小包就一直在那里敞开着拉链，那个时候，那只手伸了进去。但是阿杰没有注意到那个人是谁，大家谁也都没有注意他是谁。五元钱的确是没有了。

我巡视着班里的每一位同学，那么多的眼睛望着我，目光都是那么清澈洁净，神态都是那么自若怡然。多可爱的一群孩子啊，即使某个小心灵暂时蒙上了一层烟尘，瞬间，也会消散露出光芒的！

我的心里有了底。

我说："孩子们，老师的包里的确少了一样东西，老师想，那个东西一定是一时迷惑了一位同学的眼睛，你们那么爱老师，老师那么爱你们，他怎么可能忍心拿老师的东西呢？现在，他一定正在后悔着呢。所以，老师决定要和你们做一个游戏，我站在讲台上，蒙住双眼，每一个同学和老师握一次手，希望在握手的时候，那位同学能够把老师的东西还给老师，老师不想知道他是谁，大家也不会知道他是谁，我们都原谅他。只要他能够那样做。"

游戏开始了，孩子们嘻嘻笑着走过我身边，有的用力一握，有的轻轻一握，有的还借机紧紧拥抱了我一下。小手们各不相同，但都在那一瞬间向我传递了别样的爱与依恋。好温暖啊！

其实在我心里数到第 15 个数的时候，一样东西就放在了我的手里，它已经被攥得湿软了。那只小手也潮潮的，滑滑的，我和它紧紧相握的时候，它还有一些胆怯和战栗，他在极力掩饰着紧张的呼吸，短促地，慌张地匆忙滑过我身旁。

我的心里一阵欣喜。

游戏结束了，我轻轻地打开那个湿潮的小纸包，纸包里包着五元钱，还有一行小字：

老师，我错了！

2. 说说"奖励"

当老师多年，有一个现象我时常看到：老师们经常带着糖果等奖品进课堂。上课哪个孩子表现好就赏他一块，表现不好，或是考试没有达到预期的目标，就罚他给大家买一些。发糖，罚糖，往往是孩子们一边上课一边嘴里嚼着糖或是手心里攥着糖，课堂气氛十分热烈，孩子们也积极踊跃。但是，我也偷偷观察到了，孩子们最主要的目标是糖是奖品，真正将心沉浸在学习的快乐中的，已经为数不多了。并且，表现好就有奖励已经成为一种习惯，一旦取得了成绩没得到奖励，孩子们马上会消极起来，不再学习。对此现象，我不禁隐隐担忧起来。

宝石是个比较淘气的孩子，多动、执拗、不爱学习，尤其前一段时间妈妈还出差了，孩子更似玩疯了的小野马，任何人的话他都听不进去了——最严重的是不写作业，问到就说忘了，罚吧，明天还是忘。宝石妈妈出差回来，发现孩子简直是变了一个人。宝石妈妈急忙给我打电话，我说，我就等着你回来呢，你帮助我好好约束一下他吧。

过了几天，宝石妈妈向我求助，老师，我算是没辙了。各种招我都使遍了，可是不好使啊。

我说，你说说你都用了哪些招吧。

宝石妈妈说，我家孩子愿意玩电脑，我就鼓励他说，你好好写作业，得一个优秀奖励你玩十分钟的电脑。开始那几天孩子劲头挺足的，写作业认真，几乎天天您都给他批优。

我说对呀，孩子这几天进步可大了，我正想好好表扬你一下呢。

宝石妈妈说，老师，我现在又开始有新的烦恼了，孩子现在玩电脑时间越来越长，一是对他眼睛不好，二是他的心思现在全在电脑上，学习也是为了多得点时间好去玩，根本就没收心，反而是越来越迷恋网络了。我想终止他玩电脑，他反而说，你不让我玩电脑，我就不写作业了。好像这作业是给我写的似的。这可怎么办呢？

我说，是你的奖励出现了问题。

我说，奖励本来是为了鼓励孩子，现在，它却变了质，成了他要挟你的一个筹码。

我说，写作业本身就是他应该做好的事情，是他的本职，而你却在他的头脑中建立起写作业就有回报，写作业就有奖励的条件反射，后来你要撤销奖励，他当然不同意当然要反抗了。

我说，你给孩子奖励，本意是对孩子正确行为的一种赞许，但这不是必须的，也不是给他的报酬，只是你的一种鼓励方式。

所以，你要想办法消除这种条件反射，让孩子意识到学习的真正目的，还原奖励它本来的意义。

有几种办法可供参考。

一、奖励次数不规则。

给孩子奖励的时候，第一不要每次都给，第二不要形成规律，形成规律，孩子就容易建立条件反射。

二、延迟奖励。

不要孩子做完一件事就给奖励，要有一个时间差，即时的奖励只会让孩子感到这是他做事的报酬，可以在孩子做完事后告诉他有奖励，但是时间延迟。但是有一点要注意，大人的延迟奖励绝对不能因为时间间隔就遗忘。

三、奖品非物质化。

精神上的奖励，比吃的、玩的、用的物品更容易让孩子产生荣誉感，一张奖状，陪他去拍一张胸前举着奖状的大照片，允许他参与打扫房间，这样的奖励更能激励孩子。

同时，精神奖励和物质奖励交替使用，更能提高孩子的积极性和主动性。

……

宝石妈妈连连点头，老师，我明白了，问题原来是出在我身上啊！

放下电话，我想起了同事办公桌上堆积如小山的一盒盒糖果，我觉得，也有必要和他们聊一聊了。

3. 刻在心头的一道伤疤

早上，我在包子铺里，意外地遇见了以前的学生李扬。她现在是这家包子铺的服务生。看见我进来，李扬的目光忽然闪亮起来，围在我身边拿这拿那。老板注意到了这个细节，便低声呵斥她，叫她不要忘了招呼其他桌的客人。

我的心不禁悲伤起来，毕竟还是十四岁的孩子，就要在这些大人之间奔跑周旋，如果当初我没有那样的决定，孩子今天或许会是另一番模样。

还是在我刚接手那个班的时候，他们四年级。原来的班主任向我介绍这些孩子的情况。说到李扬，罗列了一大堆的缺点：爱撒谎，偷东西，学习成绩差。那个时候我满腔热血，对待每一个学生都水平如镜，现在想起来，这个方向是对的。我注意李扬，她有些胆怯，同学们也不愿意接近她。但她的情绪还是很好的，有几次还为班级捐献了一些东西：毛巾、脸盆、石英钟……我很激动，单方面认为我的教育成功了，孩子身上的毛病并没有发生，并且她还在进步着。

过了几周，我发现李扬不交作业，问到她时，她的一双眼睛忽闪着，默不做声。我恼怒，开始给她的妈妈打电话。她的妈妈正在打麻将，哼哼哈哈地答应着我,匆忙地就挂断了电话。

下午,李扬来到时,我发现了她的脸上从左眉梢到右嘴角的一条青紫的淤痕。问到,她很平淡,说是妈妈用皮鞭抽的,妈妈告诉她:老师若是再将电话打到家里来,抽的要比这还要狠。

这个家长,分明是在给我颜色看。孩子又是如此嘴硬,看样子一点悔过之意都没有,我又何必管她。

念头一闪,从此我竟真的不再过问她,我告诉收作业的小组长,她的作业不用太多过问,交不交都可以。

不久,班里开始有丢东西的事情发生,并且都在她的书包里找到。我和同学们更加疏远她。

再一个学期开学,她没有来上学,别班的同学捎话过来:她转学了,转到了黑龙江的一个山村学校。我很庆幸,这样的一个差生转走,我班的成绩又会有所提高。记得当时,我长长地舒了一口气。

一天,那个捎话的学生与我相遇,聊起李扬,我不禁吃惊不已。

李扬的爸爸妈妈是离婚的,她跟着妈妈,爸爸住在这次她转学过去的那个小山村里。妈妈后来又结了婚,生了一个小弟弟。妈妈和后爸对她很不好。李扬放学回家,必须要帮助妈妈哄孩子做家务,又哪里会有时间写作业。她不敢将实情告诉任何人,传到妈妈耳里,她必遭一顿毒打。从小就是这样来过,李扬已经习惯了没有眼泪……

我懊悔不已:孩子在的时候,我怎么就不能再耐心一些?我来到这个班级,孩子一开始的表现,不就说明,她是多么渴望来自老师和同学的温暖,她已经向我敞开了心扉,只是我没有走进去,那扇门才慢慢关闭。想象当时,孩子对我该是多么失望!……但愿吧,孩子回到爸爸那里,能够得到幸福。

又一个学期过去,我在校门口遇见了李扬,她是来接上一年级的小弟弟的。看到我,她的眼睛就像今天一样闪亮。她告诉我,她已经不上学了,她要在家里帮助妈妈操持家务。

我的心头,有如秋风轻轻地吹过,悲凉一如今日:我的一个决定,决定了孩子一生的命运。

当我离开这家包子铺的时候,太阳已经高高升起。李扬不顾老板的白眼,一直坚持站在门口,目送着我远走……

我在这栋楼的转弯处回头,看见她依然站在那里,好像在遥望,遥望她那个曾经的梦想……

4. 找啊找啊找优点

今天,带领孩子们给自己找优点。

这种想法缘何而起呢?是那天,小萱的妈妈文媚和我说:这个孩子可怎么办呢?淘气,不听话,不积极学习。例如,那天,小萱在雪地里撒欢,临了,要上出租车回家了,小萱还要捧一个大雪团拍在自己脑袋上,然后顶着满头满脸的雪水上车。司机说,小朋友你这是干嘛呀,你看你弄我这一车的雪水。文媚说谁知道这孩子要干嘛呀,整天的脑子里不知在想什么。再例如,小萱的心态极好。每次考试考不好了,伤心或是不满意也只是一会儿,一小时没到,他就该干啥就干啥了,总是乐呵呵的,不知愁。再再例如,小萱总是有自己的一套理论。进入五年级,小萱的饭量增加,个子见长,身形也微微有些发胖。有一次在饭店里吃饭,我捏捏他的胖胳膊,笑嘻嘻地说你该减肥了吧?小萱的同桌小晴也说,你看你,一人要占两个人的地方,羽绒服还舍不得脱,真挤呀。为了同桌也能健康成长,减减肥吧。小萱在日记里说:老师希望我减肥,同桌希望我减肥,可是我不想减,因为减肥就不能吃那么多的好吃的了。旧社会时人们吃不饱穿不暖,现在吃喝都管够了,再不让我吃,多亏啊!

小萱的妈妈说,你看你看,他哪来的这些怪思想啊!

总之,在妈妈眼里,小萱是个问题孩子,劣迹斑斑,简直是没得救了。

我听她痛苦无奈地讲述完毕,我说我没觉得你认为的孩子的这些缺点是缺点啊,即使是缺点,你有没有试着找找,孩子有什么优点吗?

文媚坚决地说:没有。

看来，想要在妈妈的眼里找到这孩子的优点是困难的了，我何不让孩子们自己找优点？

我把这样的想法和孩子们一说，班里顿时像炸开了锅，孩子们愁坏了，大家纷纷说：老师，我要是找自己的缺点或是找别人的优点，我一定会找到的，可是，让我来找自己的优点，太难了，找不到啊！

我说，用心去找，一定会找到的。因为，我们每个人的身上都是有优点的，这样或是那样的优点，只是我们不知道或是被忽略了罢了。比如小宁画画好，小晴唱歌好，小舒朗诵好，之焱小提琴拉得好，就说班级成绩不算理想的刘大伟吧，那天小舒在日记里还写了他帮助她的一件事了，那么就说明大伟有一颗善良的好心肠乐于助人，这些都是你们的优点啊。不用太多，一个人的身上有一个闪光点，或是曾经做过一件漂亮的事，就绝对会让你回味和骄傲一辈子的了。

我给孩子们举例子，比如有一天，有一道特别难的数学题，很多平时看着比你成绩好的同学都一筹莫展了，而你是第一个做出来的，老师当众表扬了你，这件事是不是会令你自豪很长时间呢？

孩子们一听来了劲儿，纷纷埋头书写了起来。

淘气包小齐挠着脑袋来问我：老师，我，到底有什么优点呢？我说，你还记得那次你捡到十元钱交给老师的事吗？那是多么美好的品质多么难得的优点啊，拾金不昧啊。

小齐乐呵呵地走了。

其他的孩子也都纷纷找到了自己的优点。

小萱找到的自己的优点是：喜欢看科幻侦探类图书；喜欢拉小提琴，并且拉得很好，级别已经很高；喜欢打乒乓球，参加球校没几天，现在已经能和老师打上几个来回了；乐观开朗；喜欢帮助同学，比如那天同学的钢笔没墨水了，他主动借笔给同学；有自己的想法和观点，并敢于发表，比如那天全班同学对某个老师有一点小想法，是他给老师写了一封信提出来了，后来，语文老师出面解决了那个困扰了大家很长时间的问题。

我在班里宣读了孩子们的优点，中间，说到一些同学的时候，大家还纷纷给予补充。孩子们开心自信极了。

最后，我宣布：让五二班全体同学带着这些令我们自豪和骄傲的优点，继续努力加油吧！

5. 怎样才是真正的帮助

下午最后一节是数学课，数学老师带着孩子们做练习册。

快要下课的时候，我在班级的后门向班里望，看见新惠的桌子上放着语文练习册，他正在埋头书写。有的同学悄悄拽他的衣角，示意我来了。

他回头，看到了我，却并没有像其他犯了错误的同学一样惊慌，也没有把本子拿开。

我用目光质疑他。他又看了我一眼，还是没有行动。

下课铃响，我来到了新惠身旁，我说："你能解释一下吗？"

这一次他没有再看我，他看了看侧排刘坤的书桌，声音细若蚊蝇："我的……练习册……刘坤拿去抄了。"

我的心里着实惊讶了一下：孩子们什么时候学会这招了？

我看向刘坤，刘坤不看我，低着头把练习册还给了新惠。

我回头问大家："孩子们，咱们班还有谁抄过别人的作业和练习册呢？"

孩子们对这个问题好奇起来，纷纷停下笔东张西望。

小齐又来了天真劲儿，说："老师，我做采蜜本的时候，摘抄书中的好词好句算不算抄？"

孩子们哈哈大笑。

刘大伟第一个举起了手："老师，昨天的作业我是抄曲轩的。"

小福说："老师，佳琪抄过我的作业。"

东旭说："老师，我挨着小福的时候，我也抄过小福的作业。"

刘大伟旁边的曲轩站了起来："老师，我要是不给刘大伟抄，刘大伟就掐我。"

我让小福、新惠、曲轩站了起来，我说："老师今天首先要批评你们。"

"咦？"全班同学都惊讶起来。

我说："你们为什么把作业给他们抄啊？"

三个孩子低着头不说话。

我说："老师知道，你们和他们是好朋友。好朋友遇到困难，咱们怎能不帮助呢？你们是不是这么想的啊？"

"是。"几个孩子异口同声。

我把头转向大伟、刘坤和佳琪："那么，老师问你们，抄完以后，这些题，你们会了吗？"

刘坤第一个说："不会，一直都不会。"

"那么，你们是希望自己会呢，还是希望抄别人的题呢？"

刘大伟已经忘记了自己是犯错的人，乐呵呵地大声说："老师，当然是自己会了。考试的时候，我抄谁的去呀？谁给我抄啊？"

我说："对呀，当然是自己会了好啊！所以说，老师今天要特别批评你们三个把作业借给别人抄的同学。你们并不是他们真正的好朋友。真正的好朋友在朋友遇到困难的时候是要伸手相助的，可是，你们这样做，根本就不是在帮助他们，而是在害他们！你想啊，他们这一次抄袭得手，下一次，就不会认真听课了，也不会仔细分析问题了，总惦记着抄袭，就会时时依赖于你。时间久了，他们的成绩越来越下降，还养成了抄袭的恶习，所以老师说，你们其实是在害他们啊！那么反过来，当朋友要借你作业抄的时候，你拒绝他，而后，你找一个时间，给他讲他不会的题，慢慢地，他就会上课注意听讲了，成绩也就慢慢上来了，你想，他还会因为你不借给他作业而怨恨于你吗？不会吧？或许，因为你的这一个小小的动作，就会改变他的一生。他变得越来越优秀，将来考上大学，成为某一领域的成功人士，想起你对他曾经的这段帮助，他的心里会是多么感激和温暖啊！"

新惠的眼圈第一个红了："老师，我明白了，我不应该给刘坤抄作业，这不是真朋友应该做的事儿。"

小福的眼泪也流了出来，她说："老师，朋友遇到不会的问题，我应该给他讲。"

曲轩委屈地欲言又止。我点点刘大伟的脑门，刘大伟害羞地低下了头。

我说："曲轩，明天利用下课时间，你帮助一下刘大伟，把这道数学题讲给他听。刘大伟，你愿意吗？"

大伟兴奋地跳了起来："愿意，当然愿意了！老师，我错了，我不应该掐曲轩！"

晚上放学回家的时候，看着孩子们因为兴奋还沉浸其中而涨得通红的小脸，我的心情，无比轻松。

6. 特殊的奖赏

晚上写作业的时候，小晴总是找机会问小丁问题，有好几次，她突然捧着小丁的脸"吧嗒，吧嗒"地亲了几下。小丁的头使劲儿向外挣脱着，好像很生气，撅着嘴向我告状：老师，你看小晴呀！小晴像做错了事似的，很小声地回头望我：老师，我不是故意的。我并不理睬。没过多久，小晴就忍不住又亲了起来，嘴里还在叨咕着：你怎么这么可爱呀！

他们都是班里最小的孩子，我默默地观察他们，觉得真是纯真可爱至极了。

几个大孩子把这事当成了大事，神神秘秘地，好像欲说还"羞"呢。他们你推我搡地在我面前要告小晴的状：你说，你说，还是你说吧！

我搂过其中一个孩子的头说：你们要说什么呀？是不是想知道老师对你们作业的评价呢？你今天的作业写得很好，老师表扬你，赏你一个吻吧。说着，我在他脏乎乎的圆脸蛋上重重地亲了一下。孩子笑了，大家都笑了。我说我的表扬方式是和小晴学的，她多会夸奖人啊，她知道怎样表达对好朋友的欣赏和喜爱。

孩子们都用羡慕的目光望着小丁，他们已经开始渴望能够得到小朋友特殊的奖赏了！

7. 打开另一扇窗

在班级前边，有一个特殊的大大的信箱，它的用途很多。

首先，它是错误垃圾箱。

孩子们如果发现自己犯了错误，想改正，就可以将错误写出来，投到信箱里边。原则是，投进去的错误或缺点不可再拿回来。

小荣说：我最近喜欢吃小摊上卖的辣丝，老师和妈妈都说不卫生，不许我再吃。可是，我管不住自己，就偷偷地向爷爷奶奶要钱。这个毛病很不好，既养成了乱花钱的坏习惯，又影响了身体。我决心把这个错误投进错误垃圾箱，永远都不回收回来。

小鱼说：前天的体育课上，我骂人了，骂了女生。老师批评了我。我觉得老师说得对，我是男子汉，我应该帮助爱护班里的女生才对，怎么能带头欺负她们呢？我决心改正，这个毛病绝不捡回来了。

小文说：我的月考成绩不理想，老师说是上课不注意听讲的原因。是的，上课的时候，我的精神总溜号。我决心把这个毛病投进错误垃圾箱，不捡回来了。

……

第二，它是烦恼倾诉处。

孩子们可以将自己的烦恼向它倾诉。我作为爱心使者，可以帮助解决的。

小月说：老师，我的妈妈最近总是发脾气，弄得我什么心思都没有了，我真是受不了。

在小月不知情的情况下，我给小月的妈妈打电话。电话接通，小月的妈妈就开始抱怨，说自己正在装修新房，特别累，孩子还不听话，不能理解她。我说了小月的烦恼。小月的妈妈很震惊，没想到自己的坏脾气会给孩子带来这么大的苦恼。她说，她会改进。

然后，我找小月谈话。我说：从前温柔的妈妈脾气变坏，一定有她的原因，我们可不可以去寻找一下，然后用我们的行动来改变她？

小月说妈妈最近很累。

我说，那你就多体贴一下妈妈，比如晚上积极主动地写作业。比如对妈妈的生活多关心一些。

过了几天，小月写来纸条说：老师，我按照你说的去做了，没想到，妈妈的脾气果然见好了。老师，以后，我真应该多关心妈妈呀！

我与小月的妈妈通电话，她说，没想到孩子的变化这么大，现在，她很开心，生活和工作，再累再苦，也觉得舒心了。

……

第三，它是心事小屋。

孩子们可以将自己的心事写出来，投进去，可以不署名。

小萱说：从前考试，于迪的成绩总是比我好，这次月考，我终于超过了她。我真是太开心了！于迪，我不会再让你超过我的！！我自己，加油！加油！

于迪说：这次考试不幸被小萱超过了，哼，等着吧，我不会服输的！

一个女孩说：今天，老师找我谈话了，老师鼓励我，说我是一个好孩子，我真开心！这是我和老师之间的秘密，我不会对任何人说。

小惠说：老师，你要是有一个调皮的同桌，你会怎么做？

我回信说：我要是有一个调皮的同桌，我不会找老师换座位，我会用我的优秀感染他，帮助他，改变他，让他越来越进步，越来越优秀。

……

第四，它是意见投诉箱。

同学们如果对老师、学校有什么建议和意见，可以投诉进来。

匿名发言：咱们班有的老师对下课铃声没反应！

匿名发言：那天，××老师上课接电话，不给我们上课，真气人。

匿名发言：老师，那天下雨，体育课没上，你说以后补上。什么时候能兑现啊？

匿名发言：老师，昨天你正在讲课，有人找你，你出去了。这时候，同学们还在"老师,我,我,我"地喊,我拉住同桌的手,我对他说"等老师回来你再举手吧"。他不听,还拉住我的手也举了起来。您进屋,看见我们,以为我们在疯闹,您严厉地批评了我,说我是班干部不该带这个头。老师,我冤枉啊!

我知道这封信是小新写来的,但是我没找小新谈话,而是在全班,对这个匿名发言的孩子公开道歉,我说:老师不该在没有调查清楚的情况下,乱批评人,以后,坚决改正。

……

这个大信箱起的作用真不小啊,仿佛是一双小巧的手,打开了孩子们另一扇心灵的窗!

8. 愚人节快乐

早自习下课的时候,宋越气喘吁吁地跑到我身边:"老师,周之焱说您找我?有什么事吗?"

我笑了:"孩子,你已经是第五个来到我身边的人了,愚人节快乐!"

宋越的脸上瞬间飞上了一朵云霞,她呵呵地笑着跑了。

第二节课是语文课,我像往常一样走进班级。

同学们的歌声停止了,班长说:"起立!老师好!"

我说:"同学们好!请坐!"

停顿了一下,我接着说:"在没有上课之前,老师想问同学们一个问题,你们喜欢春节晚会上刘谦表演的魔术吗?"

孩子们一下子来了兴致,纷纷说:"喜欢,喜欢啊!"

我说:"其实,刘谦表演的魔术都是假的,网上已经对他的魔术进行了揭秘,只不过,是刘谦的表演特别出色罢了。"

孩子们纷纷点头称是。

我说:"老师倒是会一种特异功能,我的特异功能比刘谦的魔术不知要厉害多少倍,因为,我那个是真的,是真功夫,真本事!老师今天想表演给同学们看，你们想看吗？"

马凡舒这时候说："老师，正好教师节那天，您还欠我们一个节目呢！"

我说："对呀，老师今天的表演就算是补教师节那天我欠你们的节目吧！不过，老师的这个表演需要你们的配合，你们愿意吗？"

"愿意——"孩子们的声音响彻楼宇。

我说："同学们和老师学，将双手合十在胸前，闭上眼睛，双手上下搓动，并且同时，你要在心中默默叨念'奇迹马上就要发生了'这句咒语，老师说停，你们就睁开眼睛，你们会发现奇迹出现了——班里的灯亮了。记住，一定要心诚，心若不诚，奇迹就不会发生了。"

小萱说："老师，你不会在我们闭上眼睛的时候打开灯的开关吧？"

我说："那么王勇今天就不参加了，他做监督员，如何？"

"好！"同学们一起说。

于是，我和孩子们双手合十，一起闭上了眼睛，同时，双手上下搓动。大约十秒钟之后，我喊道："停！"我们一起睁开了眼睛。

屋里的灯并没有亮。

我说："一定是有的同学的心不够诚，他在心里对老师的这个特异功能产生了怀疑，或者，谁在大家都闭上眼睛的时候偷偷地睁开了眼睛，或者，谁没有念那句咒语。老师已经做过很多次了，多少次都没有失败过的。"

孩子们说那咱们就再来一次吧。

我们又一次双手合十，闭上了眼睛。我偷偷地睁开眼睛，看见孩子们的眼睛都闭得紧紧的，有的孩子的小嘴唇上下动着，他们在偷偷叨念着那句咒语呢。

十几秒钟后，我喊："停！"

孩子们一起睁开了眼睛，一瞬间，屋子里静极了，大家的目光都投向了屋顶的那几盏灯。

可是，灯，并没有在大家的期待中亮起来。

我微笑着说："亲爱的孩子们，愚人节快乐！"

停顿了几秒钟,笑声再一次响彻了楼宇!

9. 教师节,也收礼

中午,明明的妈妈给我打电话,说就在我家楼下等我,教师节了,要来看我。

我下楼,没看见她。她又打电话,才知,她在我原来家的楼下。她说您千万不要动,我们马上就到。我听见电话里的汽笛声,以为他们打车在路上跑着,就没动。

大约过了半个小时,他们才到。明明,明明妈,明明八九个月大的小弟。明明推着婴儿车。妈妈怀里抱着明明弟。大中午的,天气炎热,他们在大街上走得满头满脸的汗。特别是明明妈,怀里的孩子可能是热,或是中午了要睡觉,所以正在妈妈怀里扭捏着哭啼。我的心立时一酸。

明明是乡下转来的孩子,自卑、淘气、偏执,经常不写作业,学习成绩也不够好。我经常打电话和明明妈沟通,询问孩子在家的情况,对孩子的生活给予很多的关注和关心。

有一次,正在上语文课,明明突然就吐了,吐得桌上桌下哪都是,小朋友们都捂着鼻子四处躲。其实,那次我也没有做什么,只是很温柔地安慰了明明;只是带着明明到卫生间洗干净了衣前的脏垢;只是挽起袖子亲手擦干净了所有的污物。一边擦一边和所有的孩子聊天,告诉他们,当别人遇到困难的时候,我们应该怎样做。

没想到,只是这个小小的动作,就让明明、明明妈、班里的孩子们都记住了。以后再有同学吐了,邵帅、佟辛格、宋越、禹南旭……总是赶在我前边拿起拖布擦污物。而明明妈,从此以后,总会在一些时候,或是教师节前后的日子,送一些东西给我。有时是自家养的母鸡和鸡蛋,有时是正时令的玉米和蔬菜,有时是明明爸外地打工带回的一些土特产……

明明妈总是说:老师,您不嫌俺们是乡下人,不嫌俺家的孩子是乡下孩子,不嫌他学习不好,您对他好,俺知道。俺的东西拿不出手,但这是俺的一点心意，您收下。

每次我都收下，特别感激，特别感动。看着他们的穿着打扮，想是日子也一定过得艰辛？所以每次，心底都十分酸涩。

心头，还有无限温暖。

10. 担保

走廊里，一个小朋友一边走一边用舌头舔着墙围子。英语老师看见了，问他：嗨，啥味儿？小朋友一脸严肃，看都不看老师一眼，正色地说：没味儿。

这个小朋友就是杨帅，班里最高最帅，最单纯善良但是也最让我头疼的大个子杨帅。

为什么说他单纯善良呢？

例如每次上完课吧，杨帅都会跑到前边来给老师接杯水：老师，您累不累？您的嗓子没事吧？您要是不舒服了就给我妈妈打电话。我妈妈认识我家小区前边的那个诊所的张大夫。每次我生病了，都是我妈妈带我去找他，他一看，我的病就好了。老师，您给我妈妈打电话吧。

他总是用您。

再例如，哪个小朋友忘记带铅笔橡皮本子啥的了，他总是第一个把手举起来：老师，老师，我借给他。不，我送给他。我没有用的没关系，我妈妈还会给我买的。

这样。

可是，杨帅已经不止一次打小朋友了。

这不，课间休息的时候，我正在办公室里批改作业，宋祁又跑来告他的状了。

老师，老师，杨帅把张冬推倒了，张冬的胳膊都出血了。

为什么推啊？

因为张冬不借给杨帅跳绳玩，他就抢，还把张冬推倒了。

这个杨帅啊，怎么就这么不让我省心呢？

我批评过，每一次事后，杨帅也是真心悔过，但是，改完再犯，犯完再改，他总是记不住。其实，更深层的原因我知道，是家长。杨妈妈在意的是自己的孩子有没有受伤和吃亏，嘴上说下次不许了，你怎么这么让妈妈操心呢，但是，语气柔软，态度含糊，一边拍着孩子身上的尘土一边脸上微微流露着窃喜：孩子，这样就对了，到哪儿都强硬点，不吃亏，这样就对了。随后，杨妈妈还总是和我说，咋整，好几家子就这么一棵独苗，大家一起帮我惯，你说咋整。

这次我决定，不再找家长了。

我找来杨帅。杨帅知道自己闯祸了，他悄声地把跳绳放回到张冬的桌子上，再一步一挪地向我面前走来。

我讲了一番大道理，关于小朋友之间应该珍惜友谊应该互相团结啥的，杨帅听进去了，鼻尖儿开始冒汗，眼泪也噼里啪啦地掉了下来。可是，看着眼前和从前一样内容的小泪脸，我明白，再遇到类似的事情的时候，他还是会出手打人的。

我说：杨帅，写一份保证书吧，保证不再打小朋友了，保证和小朋友一定会和睦相处。你签上字，妈妈签上字。

杨帅痛快地点点头：嗯。

我接说：然后，你再找一个担保人吧，或是数学老师，或是英语老师，或是德育处的董老师，他们给你做担保，担保你以后再不打小朋友了。你若是再打小朋友，我就不找你了，我找担保人去，一切责任和后果由他们来承担。

啊？杨帅面露难色。他想了想，又看了看我坚决而又严厉的脸，只好转身找担保人去了。

数学老师说：我可不给你担保，你都说多少次要改要改的了，可你改了吗？下次你要是再犯毛病打人，学校就会拿着你的这份保证书给我扣工资，严重的，还会让我下岗回家。你说，到时候可咋整啊？不行不行不行，我可不敢相信你。

德育处的董老师说：我可不给你担保，昨天，你在操场那档子事儿咱还没结呢。

还是英语老师"软"了心肠，她拉过已经泣不成声站在前边吃不下中午饭的杨帅说：好吧，看在咱们师生多年的情分上还是英语老师给你担保吧。

杨帅立时兴奋了起来，他抱着英语老师大声地说：老师，真的啊？

英语老师说：可是，我也不是轻易就能给你担保的，因为一旦担保了，咱俩就是拴在一条绳上的俩……呵呵，你知道啥吗？

蚂蚱。

呵呵，对，跑不了你也跑不了我了，一旦你再犯毛病了，我可是要扣工资的，严重的，甚至是会回家没工作的啊！这样吧，我再观察你几天，你若真改正了，我再给你担保吧。到时候，我相信，所有的老师看到你的表现之后，都会给你做担保人的了。

好，谢谢老师！

杨帅终于笑了。随后，他瞪圆双眼，立正，像一个军人一样，给每个老师行了一个小军礼。

嘻嘻，哈哈，这个淘小子啊。

11. 改变

小琪又打小朋友了！

我无奈地看着前来告状的小朋友们。看来，单纯地找家长、谈话等方式已不能解决小琪爱打人的毛病了。

我派告状的孩子们找来小琪。小琪就在门后等着呢，听见我叫，直接进来了。他低着头，脸上的表情沮丧而又忧郁。嗯，他一定是终于记起了这几天妈妈和老师的叮咛了。

我问他为什么打小朋友，打的又是谁？

听我这样一问，小琪哭了：老师，东东把我也给打了，我的胳膊现在还疼着呢!

我了解东东,他是班干部,思维敏捷,课外知识丰富,但是,个性十足,不爱告状,最喜欢的,是用自己的方式解决问题。他对待同学温和亲善,但是,一旦有人暴力犯他,他必是回击,出手必狠。这种性格的形成,东东妈妈说,是源于幼儿园时的一次经历。有一天,一个小朋友抢东东的苹果还欺负他,东东挥拳狠狠地教训了那个调皮小子一顿。从那以后,那个小子就惧了,再也不敢欺负东东了。那一次事件对东东影响深刻,他发现,这样处理问题,最直接,也最有效,从此,他就喜欢用这种方式解决问题了。我和东东妈妈沟通过,言语中我能体会到,东东妈妈对儿子的这种行为表现,持默许的态度。

东东看着我,目光并不像昨天那样躲闪和迟疑。昨天,东东无意中踢了女生兰兰。当时,看着兰兰泪流满面的脸,东东的表情后悔和失落极了。可是,今天,东东的表情就不一样了,他理直气壮地说:老师,是小琪先打的我。

小琪一听这话,头终于低下了。我追问原因,小琪小声地说:我们几个在操场上玩游戏,他们要玩追人的游戏,我不想玩,不同意。可是,可是,他们还是开始了……

我气得差点没笑出声来:哦,你不想玩,他们没在乎你的不想,你就出手打人啊?

两个孩子在我的一番教育下,终于握手言和了。可是,我明白,我所治愈的,只是表面,当遇到类似的境况的时候,他们解决问题的方式,还会一如当初。因为,家庭教育和社会环境的影响,对他们来说,实在是巨大和深远。

我明白。

我在网上搜罗了一些室外游戏的方法,再加上我所熟知的一些游戏,逐条教给他们。并且,我还把孩子们分成小组。当然,大部分孩子,还是以自愿组合小组为主。他们可以随意选择游戏方式进行游戏,我会定期选出最优秀的游戏小组，奖赏的方式是：老师会参加这个小组的游戏。

随后课间的时候，我下楼和孩子们一起做游戏。有一次，还没等游戏开始，上课铃声就响了，孩子们抱住我，纷纷表示遗憾。利用短暂的几分钟，我给孩子们大秀了我扔口袋的本领，四个口袋，两两交替扔到空中，再接住。孩子们大呼：老师真厉害啊！

美滋滋的。

看来，老师也喜欢得到夸奖。

小琪说：老师，我想和你比赛跳绳，我会反跳和蹲跳，你会吗？

东东附在我的耳边说：老师你可别和他比，他会跳着跳着故意靠近你，打坏你的绳，他就赢了。他可坏了。

一点点走近他们，一点点改变和影响他们吧。

12. 对症下药

下课，齐齐无意碰了南景耀的练习册，练习册掉在了地上。南景耀怒了，跑到齐齐座位旁，将齐齐的语文书、练习册等"哗哗啦啦"地横扫到了地上，然后坐回座位幸灾乐祸地踮着脚尖，脸上还挂满坏笑。

教室里边有三位老师：正要上课的体育董老师（兼德育值周老师），三班的孙老师，还有我。南景耀在我们的注目下还幸灾乐祸！

我什么都没有说，牵着南景耀的手来到办公室。南景耀还在不服气地争辩着：他先把我的练习册弄到地上的！

等到办公室里的老师们都去上课了，我说，首先说说你有错没错的问题。我给你举个例子，两辆车，第一辆车不小心碰了第二辆车一下，把人家碰伤了，第二辆车觉得自己无缘无故挨撞很委屈，反过来它"咣咣"又给第一辆车撞坏了，你说这事儿谁有错吧？

南景耀说：第二辆车有错。

为什么？

因为它是故意的。

对呗,那今天你这事儿谁有错呢?

我有错。南景耀终于低下了头。

光有错能行嘛,你今天可摊上事儿了。我的表情故作深沉。

南景耀疑惑了,摊上什么事儿?

我帮你分析一下吧,今天你做这事儿的时候,除了我之外,还有两位老师在场。董老师是德育处的,这事儿她回去能不和德育处的老师们说吗?老师们能不和校领导说吗?领导们一听,现在正值学雷锋活动月,三·一班竟然还有这样的学生存在,领导们能不生气吗?这一生气,这周的红旗班还能有咱班的份儿了吗?这周没有份儿,期末的优秀班集体评选咱班能选上吗?你说你这是不是摊上事儿了吧?

一连串的问号终于将南景耀的眼泪问了出来。

这是其一,还有其二呢。孙老师是咱们同组的老师,她今天亲眼看见你的这一表现,她一定会和别班的老师别班的同学说起你,你说,你在咱们年组还能有美好形象了吗?

南景耀这回是哇哇大哭了起来:老师,我可真是愚蠢啊,这回,我给咱们班丢脸了!

我说,还有得补救,现在体育老师正上室内课,你回到班级向老师和齐齐道歉,一个敢于承认错误,知错就改的孩子,他比金子还珍贵。

再下课,李阔被班长送到我面前:玩了一节课的钢笔水,弄得桌面、手心、衣服上哪儿都是钢笔水。

我认真地看着李阔的眼睛足足有一分钟,然后,我说,李阔,你应该知道老师最疼你最喜欢你,但是,这学期开学,你就一直不在状态,上课不听讲,课后写练习册抄答案,现在还玩起了钢笔水,所以,老师现在有了一个新决定,我决定,你再这样下去,我就不喜欢你了!知道吗,再这样下去,我,就,不,喜,欢,你,了!

李阔的眼泪也流了出来:老师,我改,我一定改,你还要喜欢我!

李阔和南景耀是两种不同类型的孩子,自然就不能用同一种方法来对待。

这其中，老师的语言和方式方法很重要——怎样在几分钟之内打动孩子的心，让他真的知道错了，认同并想改正而不是因为害怕而口是心非，这就足见老师的功底。所以，平时，我很注意向周围老师学习，和孩子们沟通交流的时候也注意观察孩子特点，对症下药。南景耀是一个软硬不吃的孩子，他的调皮在年组里也小有"名气"，但是他不坏，还有极强的集体荣誉感，我将他的个人行为与集体牵连在一起，他自然心动。李阔喜欢老师，更在意的是老师对他的态度和想法，所以，我的"再这样下去，我就不喜欢你了"深深打动了他的心，起到了让他警醒想要改正的作用。但是，针对任何孩子，一劳永逸我想是达不到的，只有见招拆招了。

还有，最重要的，我相信他们。

相信，最有力量，他们，就会找到正确的方向。

13. 封上小嘴巴

那天，语文自习课上，孩子们正在写练习册。可能是有些累了，子建向后桌的辛泽做起了鬼脸。辛泽说你再做一个呗，子建就又做了一个。辛泽乐得"呵呵"笑出了声。

我循声望了望，又低下头继续着手中的工作，然后一边说：孩子们，谁的爸爸妈妈是在医院里工作的啊？

柏航和几个小朋友举起了小手：老师，我，我妈妈在医院工作。

我说：柏航，老师想让你回家向妈妈要一样东西，好吗？

什么东西啊老师？

我说：是一种特制的，用来封嘴巴的小拉锁。

孩子们都停止了写字，抬起头，惊奇地望着我：封嘴巴的小拉锁？

我说：对呀，这种拉锁只在医院里有，是治疗某种疾病专用的。柏航，你妈妈在医院工作，你一说，她自然就知道了。那种拉锁是一种特殊原料做的，会和嘴巴自然粘合，上课不需要说话的时候，就戴上，拉上拉锁，等到下课了需要喝水吃水果说话的时候，再拉开。

咱们同学谁见过这种拉锁?

我停止了工作,抬起头,认真地看着同学们,表情严肃极了。

小朋友们迟疑着,有的东望望西瞧瞧,有的偷偷地观察着我的表情。过了几秒钟,几个同学举起了小手。

我说:哦,你们见过这种拉锁?给大家介绍介绍吧。

思洋说:老师,这种拉锁从外表上看和一般拉锁差不多,吃饭的时候拉开,不许说话的时候关上它。

浩文说:老师,这种拉锁颜色和嘴唇一样,所以,远远看去,还看不出是拉锁呢!

……

我回头问柏航:你明白了吗?

柏航郑重地点点头:明白了!老师,保证完成任务!

第二天,雨石又在课堂上说话,我想起了嘴巴拉锁的事儿。

我询问柏航:柏航,老师交待的事儿你办了吗?

柏航的脸上有一点坏坏的笑:老师,我妈妈说根本不知道你说的是什么东西。

我"生气"了,面向全体同学,"严厉"地发问:不知道是什么东西?很多同学明明见过的,你妈妈是医生,会不知道是什么东西?谁知道老师说的是什么东西?谁见过?

这回,"刷"地,有一半以上的小手都举了起来,举手的同学还神气地用目光向柏航挑衅着:哼,真没见识!

柳尊文站了起来,面向着柏航一边用手在嘴唇上比划着一边解释:这种拉锁吧,白天戴上,晚上睡觉的时候,还可以把它摘下来,放在盐水里浸泡一晚上,第二天需要的时候再戴上。这样一是杀菌消毒,二是也可以让戴了一天这种东西的嘴巴休息休息。

我说:怎么感觉你说的是老爷爷戴的牙套?!

柳尊文使劲儿地摇着头:不是牙套不是牙套,老师,的的确确是封嘴的小拉锁，我见过，我见过的！

艳泽说：老师，这种拉锁还挺贵呢，有的是一次性的很便宜，大约也就两三块钱吧，有的是仿真皮做的，要好多钱！

我说，最贵的得多少钱呢？

琪桐抢着说：不得十块钱啊！

……

现在，我开始相信，这个世界上真有专门封嘴巴的小拉锁存在了。

14. 由两面红旗引发的

又到了周一学校宣布周标的时候，孩子们都停住笔，静静地听广播。宣布纪律红旗班，没有三·一班；宣布卫生红旗班，没有三·一班。孩子们都愣愣地看着我，一时间屋子里静极了，伴随着的，是隔壁班同学震耳欲聋的欢呼声。

我微微一笑，说，咱们得找下原因了，史无前例地丢失双红旗，看来问题相当严重。

冬雪站起来，老师，纪律红旗是我们几个弄丢的，上周五，我记得，和您说过……

上周五，开会回来，几个孩子在一楼拦住了我，老师，我们犯错误了，老大老大的错误了。我们疯闹，让值周老师抓到了，我们已经向值周老师承认了错误，还给您写了检讨书，放在您的桌子上……

我说，好，能这样坦诚，老师喜欢，老师表扬你们，没事了。

冬雪说，老师，您当时虽然原谅了我们，但是，政教处的值周老师并没有原谅我们，红旗，还是被拿下去了。

知道了原因，我释然微笑，没关系，老师依然原谅你们，红旗很重要，但是，你们的诚实和勇敢更重要。

听着这样的话，有的孩子眼睛开始向小薇那边看。

上周五，和冬雪等丢红旗事件同时发生的，还有一件事。

上数学课的时候，小薇在桌堂里边玩橡皮泥，老师看见了，没收了。下课，趁老师不注意，蓉蓉拿回橡皮泥给了小薇。老师发现，十分气愤，训问小薇为何私自拿回东西。小薇说，不是我拿的，是蓉蓉拿的。蓉蓉胆怯地说，是小薇让我拿的。小薇的声音更大了，老师，她心里本来就想拿的，只不过正好我一说，给了她借口。

我和数学老师都惊讶地看着小薇，她在说这番话的时候，手指着蓉蓉，理直气壮。我说小薇啊，蓉蓉是你的好朋友啊，她"帮助"你做了事，你还这样"出卖"她？小薇不说话了，也终于低下了头。

有一个同学站起来问我，老师，周五那天，您严厉地批评了小薇，可是，和冬雪等几位同学的错误比起来，我认为小薇错小，冬雪他们事儿大，您为什么还表扬冬雪他们而批评小薇呢？

我说，无论是冬雪、小薇还是蓉蓉，老师最看重的是他们犯了错误之后的态度，人无完人，老师也会犯错误，何况你们小孩子。在我心中，这几个孩子犯的错误都差不多，没有更严重之说，我批评小薇，是因为她在犯错之后没能及时发现并改正。冬雪等几位同学当时就认识到了自己的错误并主动承认，所以我表扬他们，我表扬的是他们犯错之后的这个态度。小薇和蓉蓉后来也主动写了说明书找出了错误的根源，承认了错误，这就足够了，没有必要一个劲儿地追加惩罚，所以今天，我也还要表扬一下小薇和蓉蓉。

我接着说，七岁看老小事看大，小时有什么样的习惯长大就有什么样的人生走向，所以，同学们，得不得红旗事小，你们的品质更重要。

教室里响起掌声，不像隔壁班级那样热烈，但是我能感觉到，有东西在他们心底慢慢沉淀。

15. 孩子"拿"别人东西了怎么办

年组要去港澳旅游，后来又因为种种原因不去了，香港那边给已经报名参加活动的孩子送来了小礼物——一套磁力小猪，以示歉意。

礼物刚发下去不久，桐桐就跑来说她的小猪丢了，并且，桐桐悄悄对我说，老师，有人看见丽丽的桌洞里有小猪，她没发到礼物，可能就是我的那一套。冬雪无意间听见了我们的对话，撸起袖子就要去找丽丽，老师，我把小猪拿回来。

慢着，你们凭什么说是丽丽拿的小猪？没根没据的，不要乱猜疑。

老师，她平时就爱拿别人东西，大家都知道。

我右手食指放在嘴唇上，嘘……

上课，我对孩子们讲起桐桐小猪丢失的事情，我说，小猪长了腿，它肯定是去哪里玩了，下课以后，它一定会回到桐桐身边的。

过了好几节课，桐桐说，老师，小猪没有回来。

我没有理会桐桐，也不在班级再提这件事情。孩子们自顾自地疯着玩着，除了桐桐，其他的同学都将这件事情忘记了。

临近放学，我叫丽丽到书吧谈话，开门见山，我说，你看见桐桐的小猪了吗？

我目光严厉，好像能穿透她的心。

丽丽平静淡然，说，看见了，是我拿的。

为什么拿人家东西？

我喜欢。丽丽静静地看着我，毫无愧疚和惧怕。

我的心里微微一动，但是没有灰心，我一点点寻找她的软肋。

找你的家长来吧。我观察她的表情。

哦，行，您找吧。

看来这招前任老师用过，已经威慑不在。

我说，好，找家长之前，写一份详细的说明书，把拿小猪的经过和当时的心理活动写清楚。

嗯，我马上去写。丽丽的表情依然平静。

很快，说明书写好，写得很好很有文采。

我说，这份说明书我会先拿给政教处的宋主任看，然后，周一升旗时在全校广播里读一下。

丽丽好像没听懂我说的话，老师，您说啥？

我又重复了一遍刚才的话，并且，紧紧盯住了她的眼睛。

丽丽终于慌了，眼泪瞬间流了出来，别，老师，您千万别，那可多丢人啊！我改，我再不偷别人东西了？

谁说你偷别人东西了？我继续盯着她的眼睛。

啊？老师，我……

你是一个小孩子，你懂什么叫偷？别动不动就给自己扣帽子，你没那么大的错！不是偷，你只是一时糊涂，看别人东西好拿了它！还给人家，以后把这毛病改了就完事了。

丽丽用怀疑的目光看了我一眼，不太敢相信自己听到的话。

是的，孩子，别说自己是"偷"，真的没有那么大。

丽丽歪着头，这回是一直看着我。

但是老师得警告你，这个毛病不改一旦养成习惯了，它将来会让你酿成大错。

我顿了顿，语气舒缓起来。

你长得这么漂亮，又可爱，又聪明，学习也足够好，你有能力得到你想得到的任何东西。但是，如果这个毛病你不改，它会跟随你一辈子，等你长得再大些的时候，会有更多更好的东西吸引你，你禁不起诱惑，就会犯下大错。老师不是在危言耸听，我是过来人，我什么人都见过，什么事儿都经历过，我懂。今天，我是在好言劝你，你改了，你就还是好孩子，老师还会一如既往地喜欢你相信你，政教处那里我也不去了，这件事也从此放在了我的心里，我不会再和任何人说起，包括你妈妈，我不会让她为你担心。但是，若是你不改，若是你再看别人东西好随意拿，我就把这份说明书先让你妈妈签字然后呈给政教处，到时候，你会受到严厉的惩罚，你会很难堪。好好想想吧，你是选择老师喜欢相信还是选择受到惩罚呢？

丽丽的眼睛里盈满泪花，老师，我选择您喜欢相信我，我把小猪还给桐桐，我向她道歉。以后，我改。

没过几天，丽丽同桌晴晴新买的钢笔丢了。晴晴气愤地站起来告状，眼睛一边还一个劲儿地往丽丽那边溜。我说你仔细找找吧，我相信不会丢。我眼角的余光看到，丽丽也正在看着我，她紧抿着嘴唇，若有所思。

下课，晴晴来汇报，钢笔找到了，在她和丽丽中间的桌堂夹缝里。

又下课，丽丽悄悄找到我，老师，晴晴的钢笔不是我拿的。

谁说是你拿的了？

钢笔是在我们中间找到的，我还有那个毛病，我担心您怀疑我……

我拉住丽丽的手，郑重地说，你记住了，老师相信你就是相信你，请你相信老师的相信，也相信你自己！

好久，丽丽才点点头，眼睛里的光和从前不再一样。

我又想起朋友的那句话——相信，最有力量，他会找到正确的方向。

她肯定会找到正确的方向！

16. 从一只蚊子说起

我从卧室向洗手间走去的时候，一只蚊子追随我飞了进来。飞得很慢，个头又大，在我眼前一晃，就被我发现。我惊呼：蚊子，蚊子！蚊子在我的叫声中，优雅地趴在了梳妆台的上方。大崔听见，跑了进来，一抬手，就拍死了蚊子。随后他展示蚊子尸体给我看：瞧，这次我没摆姿势，蚊子被我拍死了吧。

摆姿势拍蚊子，今年夏天，还有一段典故。

盛夏，蚊子比较活跃，不知怎么，我的租房里经常出现。我对蚊子敏感，蚊子也以我为亲，只要有我在，屋里多胖多水灵的人它也不稀罕，唯独钟情于我。蚊子咬到我以后，我的身上会红肿。大崔小崔不会，顶多也只是一个红点，一天就好了。我却三五天也不好，有的时候还会感染，所以我对蚊子特别恐惧。

那天，临睡前，我在卧室房顶发现一只蚊子，于是大叫。大崔听见，连喊：我来我来，看我如何消灭它。大崔个子高，站在床上就能拍到，但他却不，好不容易看到伸须撩腿的活物，他兴奋地不知怎么才好："我找苍蝇拍，拍得更稳妥……我再搬个凳子来……"等到大崔手举苍蝇拍站到凳子上时，蚊子早已没了踪影——屋里这么一通乱折腾，它早就警觉飞走了。蚊子再未现身，只有我第二天身上的红包证明，它的确来过了。

大崔痛惜：为了摆姿势痛失时机，真不划算。

两次"拍蚊"事件，让我想起了《亮剑》中的一段话："战机瞬息万变，靠请示打仗，哪道菜都别想赶上。"这句话说明，姿势并不重要，重要的是时机，战争如此，捕蚊亦如此。

《亮剑》，是近几年我特别喜欢的电视剧之一，看了Ｎ遍，也不厌倦。《亮剑》里边的一些思想也能应用到我的生活和工作中。

比如有这样一段经典台词："任何一支部队都有自己的传统。传统是什么？传统是一种性格，一种气质，这种性格和气质，是由这支部队组建时，首任军事首长的性格和气质决定的，他给这支部队注入了灵魂，从此不管岁月流逝、人员更迭，这支部队的灵魂永在。这是什么？这就是我们的军魂。"

老师管理班级也是一样。一个班级好与不好，首任老师很关键。好的老师带出来的班级，一定是一个阳光向上的，有向心力和凝聚力的班集体——学生不是一块块只会读书的木头，更不是一盘散沙，而是举止文明、独立自主、有修养、思想活跃、潜能待发掘出来的优秀人才。从中间接班的老师，有两种班级不愿意接：一是各个方面特别好的班级。老师怕自己水平有限驾驭不了将班级带坏；二是纪律、行为习惯特别不好的班级，一个班级从没有习惯到养成习惯容易，从坏习惯改成好习惯简直是难上加难。一个老师一个手法，好的老师带出的班级都是那么好；有些老师，带出来的班级，却是一个比一个地的差。这就是手法的问题。孩子模仿老师，遇到这样的老师，对其一生都会有影响。

所以，首任军事首长给自己的部队铸就了军魂，首任老师给自己的班级，也注入了一个灵魂，那就是一个团结向上、积极进取、有凝聚力的具有良好班风的班集体的形成。《亮剑》有一种精神所在，是军魂；班级也一样，也有一种精神存在，是凝聚力。

17. 孩子受了"委屈"怎么办

小苏妈妈在电话里吞吞吐吐，先是问问孩子最近在学校表现怎么样，然后又谈谈孩子的性格特点，最后她说，有一件事儿我想请教您，您看我应该怎么和孩子说。

上音乐课的时候，老师提到《赛马》，小苏说，我知道，那是一首乐曲，我用二胡演奏过。小苏不是举手说的，是在下边小声和同桌说的。老师听见了，生气地叫他起来，站了半节课。

小苏感到很委屈，回家和妈妈说，我明明不是在说话，明明是在回答问题，老师冤枉我。哼，以后上音乐课，我不会再举手了。

小苏妈妈很苦恼，她说，这该怎么办呢？

我说，听您讲这件事情的时候，我想起了发生在我身边的一件事。

有一天，我的同事雷哥的儿子小雷闯进办公室，嘟着脸不高兴，他说，老师真烦人，又拖堂了。雷哥正在批作业，抬头看看小雷的表情，说，儿子，上的是什么课？小雷说了那节课的名字。一瞬间，雷哥的脸上也露出厌烦的神情，但是马上，雷哥就郑重地和小雷说：儿子，老师不知道多歇会儿舒服吗？知道。知道为什么还会给你们多上那几分钟的课？还不都是为了你们好，想多讲点你们多学点啊。去吧，玩去吧，不是啥大事儿，准备好上下一节课吧。小雷"咕咚咕咚"喝了大半杯水，乐呵呵地跑出去玩了。

我说，我觉得小苏这件事儿您也应该像雷哥那样来处理，寻找事情的积极一面，淡化孩子心中的不满，只有这样，孩子才能尽快摆脱烦恼，才能快乐。如果我们娇宠孩子，认为孩子受了委屈而站在孩子一面责怪老师，甚至直接冲到学校里去找老师理论，那样，孩子的心里其实会更加难受。

老师在前面讲课，学生有什么疑问就得举手说，这是规矩。大家在下边你一句我一句地随便说，那课堂不是乱了套吗？再说，老师上课时要面对那么多学生，还要在四十分钟内完成授课任务，没有时间调查突发事件的根源和细节也是很正常的。这些都是这件事情的积极一面，我们可以讲给孩子听，孩子就会慢慢理解老师，他心中对老师的不满也会化解开。并且，我们经常就这样的事情去引导孩子，孩子的性格就会开朗大度起来，他会成长成为一名真正的男子汉。

再一个，孩子其实对有些事情也不能有正确的判断，家长的分析和判断对孩子来说很重要，家长说没啥大事儿，他一想，啊，真没啥大事儿。就像雷哥对小雷一样。家长很生气觉得孩子受了委屈觉得老师不拿自己当回事儿，孩子一想，啊，可不，我可委屈大发了。家长和孩子一起在这种情绪中纠结，好久也不会散去。细想缘由，其实，全在自己。

所以，问题的关键不是孩子的心里怎么想，而是旁边解决问题的这个人怎么想怎么说，我刚才说的这种办法，才是真正站在孩子角度解决问题，让孩子在快乐中成长，是我们追求的目标，这份快乐，我们也可以去创造。

小苏妈妈说，老师，您这么一说，我的心里也打开了一扇窗，说实话，我最会和老师好好处了，我会处得很好很好，可是，若说和老师作对找气啥的，我自己想着想着都心里堵得慌。哈哈，是啊，根本就不是什么大事嘛！

放下电话，我久久沉浸在小苏的故事当中。是啊，孩子在成长的路途中，会遇到无数的小坑洼，我们怎样扶持，怎样指引，的确很重要。我并不是无所不知，只是同为母亲，我能够理解家长的急切和迷茫，我习惯站在家长的角度站在孩子的角度想问题，所以，往往会有一些仅供参考的意见和想法，难得家长们接受和认同，我就倍感欣慰了。

18. 老师发脾气

晚放学的时候，心里特别难过，主动和孩子们聊天，孩子们说：老师，刚才你的脾气好大哦！

也不是刻意就想发脾气，原本想要和孩子们在班会上聊聊"尊重"的问题，但是因为他们事先知道周一教师节会放半天假的消息，兴奋得难以平静下来，特别有几个小孩竟然迟迟不能坐下，不是你推我一下就是我打你一下，已经上课十分钟了,屋里还有说话的声音。叫到一个女孩的名字,她一脸"无辜"地说:我没有啊!我咋地了?

"我没有啊,我咋地了"这几乎是班里孩子们的口头禅,孩子们喜欢接话,还喜欢这样狡辩,明明刚刚和同桌说了话,老师问到,都会来上这么一句,脸上的表情,真好像是被老师无故冤枉了。

我静静地站在前边,看着孩子们异常活跃的脸。有的孩子懂得我沉默的用意,渐渐安静下来,但是还有几个孩子根本不看我,自顾自地欢笑着。我终于生气了,手里捏着一粒粉笔头,向那个说话的孩子抛去。当然不准,粉笔头落在了离男孩很远的地方。我在黑板上重重地写上"尊重"二字,我说,老师今天就要和大家说说"尊重":一个人,只有学会了尊重别人,才会被别人尊重!

我发脾气了,很大很大的脾气,连带着这几天的事,和这个想要和大家说的"尊重",一并提起。还是从讲故事说起,我告诉大家应该怎样与人相处——不要高高在上,不要自卑自怜,不要目中无人……孩子们静静地听着,不知道心在没在此,反正就连平时最能接话的小井,那一刻也很乖地望着我……

随后就放学了,我忽然难受起来,周末来到,还有两天才能再见到孩子们,和他们生气干嘛呢?他们会不会受到影响而心情不好呢?他们心情不好我更会不好,我干嘛不能静下心来和他们有话好好说呢?"我没有啊,我咋地了",这些类似的话语和习惯,只要我耐心,肯定会纠正过来的,我怎么就这么着急呢?

检讨,严重检讨,和孩子们发那么大的脾气,委实不该。我担心他们就此会和我有隔膜了。

但是,还好,爸爸妈妈来了的时候,孩子们依旧热情地和我说再见,我摸摸小歌宁的头,她依旧对我依恋地甜甜地笑,黄橡博还是跑过来和我说心里话……

我放心了一点,但是还是很难受——小孩子的心最纯洁,也最知冷暖,我本来是和他们做朋友，我是要做和善老师的，但是一不小心，还是威严居上了。

班会课的前一节课，宁宁妈妈来找我聊天，最后含着眼泪离去。她说，家长会上我的那一句"我的眼中无差生"感动了她。宁宁成绩一直不够好，一直很自卑也自甘平淡，做家长的开始没在意，现在很着急。她说，家长平时给班里的贡献很少，女儿一直是角落里不被重视的那个人，但是，来了新老师，女儿似乎有希望了，那天，竟然主动找妈妈给作业签字，性格也变得开朗和明亮。

宁宁妈妈说到此，我的眼睛湿润了——我的心中一直有梦想，正在渐渐实现。我想带出一个什么样的班级呢？应该是思维活跃但是行为举止儒雅文静的那种，从前二班那样的、阳光、快乐，对学习生活充满热情和希望的……

宁宁妈妈表达着她的喜悦，我静静聆听，又对我的目标充满希望，我想着，一会班会课，一定和孩子们好好聊聊，关于理想，关于希望……可是，班会的时候，我还是发了脾气，这样的话题被冲淡了。

中午，小龙不吃饭，就像在基地那几天，他因为和同学闹别扭，然后就绝食一样，紧紧扣住饭盒盖，拒绝打开。我劝得多了，他的眼泪就大滴大滴地流了下来，但是，还是拒绝动一点点饭菜。小朋友们也围过来劝：吃点吧，快吃点吧，不然，老师多惦记啊！

小龙这几天很开心，因为民意选举，他当选了班级的劳动委员，平时在家里从不干活的他现在很卖力，整天站在前边看还有哪里的卫生不合格。这特别让我欣喜。

我摸着小龙的头，劝他吃东西，还派同学去食堂打来饭菜给他，同学也拿来零食给他，但他还是拒绝，跑着干活去了。于是我就想着，班会课上，我要和大家好好聊聊身体健康的问题……但我因为发脾气，把这些事儿忽略了，我只沉浸在我的怒气中了……真不应该。

以后注意，切切勿忘！

19. 占课引发的思考

昨天，小丽老师有事儿请假，数学课临时和科学课互换，正好我的作文没讲完，我说：数学老师有事儿，这节课上语文。下边的小脸全部愕然，有几个声音轻轻说：老师，这节课数学老师说上科学。哦，对，数学课是改成了科学课，但是语文老师的作文没有讲完，我想讲作文。行吗？行行行。有几个声音马上迎合。

这节课上得很开心，给孩子们讲"穿越"，讲科幻，孩子们的小脸绽放异彩。小井表现得尤为兴奋。

下课，小井却在走廊里拦住从外归来的小丽老师：老师，你欠我们一节科学课。我为什么欠你们一节科学课呀？这节课，被语文老师占去了。

小丽老师回来和我学起这事儿，大家都说孩子好玩，我却觉得自己真的犯了错。我明白孩子们并不是不喜欢语文课，要是语文老师不来上课，他们一样心慌发毛，他们就是觉得，自己上科学课的权利被侵占了。

我在心里暗暗思量：看来，孩子们在意了。别说自己辛苦，孩子们不领情。

前几天，我的同事讲过发生在她身上的类似的例子。她教英语，想占用一节思品课，和孩子们商量：思品老师有病没来，这节课上英语。孩子们说：老师，不是有一个思品代课老师吗？英语老师说：代课老师只来了一周，这周也不来了。那，马老师（马老师曾经给孩子们上过几节思品课）呢？

孩子们并不甘心，小脸不放晴，也不愿意配合老师。同事说，那节英语课上得那叫一个闷。

感同身受，在我的课堂上，孩子们虽然没有表现出不满的情绪来，但是，从小井下课的反应来看，他们也是不情愿的。我猜想可能是碍于平日和我关系好，喜欢我，不忍心伤我，所以在课堂上不表现出来罢了。

我的原则是不拖堂不占课，自己的教学任务用自己的时间，努力提高自己的业务水平，提倡高效课堂。从前，我也是从来不占课不拖堂，再怎样没讲完，下课铃声一响，马上停止一切教学活动，让孩子们到操场去游戏放松。平日里，除非哪位老师临时有事不能来上课，我才占用一课，像这样自己抢课的现象，从来没有。可是，昨天占的这一节课却打破了我的原则，让孩子们对我产生了"芥蒂"（我猜想），这是我最不愿意看到的。

得不偿失。

别埋怨孩子不能理解老师的辛苦，是，老师们放弃在办公室里喝喝茶晒晒太阳的舒服惬意，占课的目的也都是为了孩子好，想让孩子多学点知识。可是，孩子们也有孩子们的理由和不容易，我理解，他们并不是和老师不贴心。换位思考，你整天对着一张脸，即使是像花儿一样的一张脸，你不也会感到厌倦吗？同样道理，疲劳、视觉疲劳、知识疲劳，一样会在孩子们身上发生。

孩子们给我上了重要一课。

20. 寻找班级正能量

最近班级发生了几件事，使我急切地渴望能有一点正能量为五·一班补充给养。

上周四，开会回来，值日组长向我告状，说小牧值日表现不好，坐桌子，拖地不用心。劳动委员彤彤接着说，老师，您上周批评过他，他也不见好转。我眉头一皱，想想，的确，上周我批评过他值日不用心，还记得他当时一副满不在乎的神情，微笑着，眼角向上扬。

我拿起手机，接通了小牧妈妈的电话，我请小牧妈妈配合我做孩子思想工作。

而后，我在走廊里遇见小牧，我说，小牧，今天值日表现怎么样？小牧顿时急了，站在走廊里高声喊：我怎么了？

一瞬间，我有些不敢相信自己的耳朵：这是我的学生吗？怎么会这样没礼貌地和老师说话？

我用莫名其妙的目光望着小牧。小牧的心绪更加躁乱：我怎么了？怎了？怎么了？我轻轻说：回班！我们别站在走廊里说，会影响别的班级上课。

小牧的情绪彻底失控，回到班级，他大哭起来。我一直疑惑地看着小牧：这孩子，怎么会突然爆发这样激烈的情绪？

我让他冷静，告诉他冷静后我再和他对话。可是，他不能冷静，大声哭，大声喊叫，跺脚。我沉默着，等待他安静下来。

过了好久，终于，小牧安静了下来。他说，老师，您想啊，我要不是因为委屈，能哭成这样吗？

我说，可是，你是怎样告诉我你的委屈的呢？开始的时候，我是想听你说，你给我这个机会了吗？一听说这事儿你就开始发作，哭，莫名其妙地大喊大叫，你让我怎样去懂你？老师现在认为，那件事本身已经不重要了，重要的是，老师现在开始担心你这种解决问题的方式——暴跳如雷。遇到事情，你就这样和别人沟通，别人从哪里去理解你呢？

小牧终于不哭了，他好像听懂了我的话，开始细细和我说起他和值日组长之间的渊源来，他说，说来话长……

小牧的事情解决了，但是，正如我担心的，小牧在课堂上和老师暴跳大喊大叫的情形，无形中，给了班里孩子一种心理暗示，大家很震撼，行为上却开始无意识地去模仿他。

随后，又出现了小生在课堂上"理直气壮"和老师顶撞的事件；大队干部园园也开始毛躁起来，小毛病不断，大毛病常有。更为严重的：班级几个男孩，一起在书吧嘲笑心理有疾病的外班孩子冰冰，他们编歌词气冰冰不说，还模仿冰冰走路和眨眼的动作嘲笑冰冰。冰冰气得大声哭着来找我告状。

面对班级出现的这些情况，我静下心来，认真思考，这些事情的暗藏潜流是小牧事件引起的，从这一事件中，我看到孩子们都喜欢模仿，那我何不在班级里寻找一些正能量，也让孩子们下意识地去模仿呢？于是，我停下手中的批改，和孩子们静静谈心，我说——

最近，我发现咱们班里出现了很多正能量，很让老师感动，很值得我们学习。

例一：王姝懿每天来到班级，都拿着一块小抹布擦我的讲台和同学们的书桌。姝懿真让人敬佩，她总是默默无闻地做着这些事，从不邀功，也从不间断。

例二：那天，常珈萌在学校小主持人选拔赛中的演讲生动极了，常珈萌真棒！老师了解过，为了这次比赛，她在家里对着镜子练了好多好多遍，甚至吃饭睡梦中都在背台词，这种认真刻苦的精神真值得我们学习。

例三：我在唐卉芯的书桌堂里发现了她用心涂鸦的一张小画，看得出来，画上画的是就是常珈萌。她把常珈萌朗诵时真挚投入的表情和眼神画得传神极了。这说明，她认真观察过了，画画的时候还很用心，所以，她才会把画画得那么好。唐卉芯有一双善于发现和捕捉的眼睛，她热爱美术，热爱生活，热爱学习，她这样一颗纯真美好、积极向上的心，就是一份正能量，值得我们学习。

这时候，同学们已经明白了我的用意，纷纷举起了小手——

老师，学习委员李施旋在这次单元测验中，A卷B卷均是满分。李施旋一向文静稳重，做事不张狂，遇到班级活动表现积极，这次能够取得这么好的成绩，不是偶然，是她辛勤努力的结果。她也是咱们班的正能量，她值得我们学习。

老师，宋怡桐是劳动委员，每天中午她都在班里督促值日生值日。我观察到，每天她都耐心地教大家怎样扫地，怎样拖地，更多的时候，她是亲自干，给大家带头。宋怡桐真让我敬佩，那么辛苦，那么负责地为大家做事，她是全班同学学习的好榜样。

老师，您也是咱们班级的正能量，您每天早上很早就来到班级，坐在前边批改作业，我们谁有不对的情绪就找我们谈话聊天。您就像妈妈一样关心我们，您是我们的主心骨儿，每天看着您，我们的心就会很静，这一天的生活就会很快乐。

……

我微笑地看着同学们，手指着班级前边的"心信箱"，我说：孩子们，张开你们的慧眼，我们一起来寻找班里的正能量，然后私信给我，好吗？

好！

掌声从未如此热烈。

21. 读书想到自己

好多年以前，我刚刚做老师的时候，总是希望自己经历得多一些，积累更丰富的经验，好能在课堂上，以及在和家长、学生交往的时候游刃有余。

记得第一次进课堂，做专科老师，讲一节生理健康课。讲到一个生理名词，我还是小女孩，没有说出口，脸先红了。台下的男孩女孩忽然没有了声音，都抬头看我。

我更说不出口，在台上尴尬扭捏。屋里寂静。

孩子们开始窃窃嬉笑。

一个男孩站起来：老师，这两个字，到底读什么？

那一段经历给我打击很大，我觉得抬不起头，从此那个班也没敢再进。我心里暗暗发誓，将来，一定做一个威严的老师。

这十几年走过，变化巨大，家长们对我都满怀希望：老师，您的经验真丰富，快，我家孩子，应该怎么办？

我也能进入角色，但凡家长会，但凡和家长们单独沟通，我都会镇静自若地滔滔不绝。

写东西也是，字里行间，总是迫不及待地要讲一个道理。

读柴静《看见》，满纸写着几个字：不要说教，要参与；不要想着改变，想着就不会有改变，参与进去，改变自然发生。

我忽然埋起头，面对自己，红了脸。

我太心急，总想着用自己的力量去改变当前的教育模式，看见孩子有一点点不如意就夜不能寐，我总认为自己是对的。

我总是对某些孩子挠头，听不进他们的声音，认为他们就是错，急躁，静不下来，我不去想别人的感受，心中的"我"无限膨胀。

最初走进课堂的青涩已经不见，可是，现在的这副"成熟"和"沉稳"，是我所希望和喜欢的吗？

有一次去参加一个会议，场上三千多与会者。一群在校大学生在门口迎宾，远远看见我们就招手示意，给我们指引路线。他们说：老师，您在主席台东边就座。

我好奇，问为何知道我们的老师身份。

一个女孩和一个男孩对望一眼笑了：一看就是老师。

"一看就是老师"？这话我听过很多次，到底是为什么呢？我一直迷惑。

后来，和一位发型师聊天，让他猜身份，他说，一看您就是老师。老师都严厉，走路板板正正的，总想教训人的架势，我们看得出来。

这是我小的时候最讨厌的人的样子，什么时候，我也变成了这样？

我又想起，初入课堂时被孩子们问住脸红心跳尴尬的我的模样，虽然他们笑，但他们肯定是喜欢我的，觉得我可爱，觉得可以发出自己的声音，哪怕是哄笑。现在的我，即使错了，我的学生也是万万不敢流露出"嘲讽"的，我的威严无需多语，只要站在前边自然存在。可是，一定的，不再可爱。和孩子，有了距离。

这是最初，我不想要的。

小时候，我的老师刻板、生硬，讲错了题还不认账，责骂我们说我们愚蠢，他用大声和气势掩饰自己的无知。于是我们就恨他讨厌他，其实他也挺好，但是大家都不喜欢他。

我是不是正在变成那种人？

同样的事情一定是没有发生过，我讲错题会当堂和孩子道歉，也能静心和孩子聊天，尊重孩子，能和孩子做朋友。但是我也能感受到，孩子们是敬畏我的威严的，有一点怕在心里头。读柴静《看见》，我开始担心，担心那"怕"遮掩了爱，替代了爱。

小时候，我和我爸说我不想做老师，坚决。结果我做了老师。

小时候，我和我的同学说我不喜欢老师这个职业，但是做了老师，我却做得投入彻底。

我不知道这是什么因果。

柴静说，不去想，自然发生。

或许。

22. 爱，让奇迹发生

爱，是打开一切心灵之门的金钥匙，它远远超过了责任。

著名教育学家贺雄飞说过："没有差生，没有教育不好的孩子，是我们还没有唤醒孩子心中的巨人。"真是如此！接手新班级的第一天，一个叫冬冬的男孩就引起了我的注意。

冬冬是班里的大个子，稍胖，习惯趴在桌子上。同学说："他就是那样，不能批评，他脸皮薄，一批评就急眼。""和老师急眼吗？""是的，和老师急眼。不管是谁，他都敢顶撞。"

第一堂课，我感觉他是想给我一个"下马威"吧。瞧，他依旧趴在桌子上，眼睛红红的，"秃噜秃噜"地吸鼻子，我想，肯定是得了鼻炎。秋天刚到，天气还热，他却想关上窗户，前边的同学想开着，两个人就起了争执。我循声询问，冬冬高声叫着："没什么事，不用你管。"他竟敢这样和老师说话？我用奇怪的目光望着冬冬，同学们也都望着冬冬。冬冬忽然挥起了拳头，向前边一个正好和他目光相对的同学发狠："哼，再看，抽你！"

这样的孩子，我是第一次遇到。我的理性告诉我，先不要正面冲突，摸摸他的底，再想办法改他的坏毛病。我坚信，爱和温暖，总会找到一条通向他心灵之门的道路。

下课，我留下冬冬和他聊天谈心。他以为我会批评他，气哼哼地怒目相视。我笑了，我说："我相信咱们班个子最高的冬冬，是一个好孩子，我相信你这样做，肯定有你自己的理由。但是，老师特别希望你能和我说出你的理由，因为，我渴望你能像我相信你一样相信我……"冬冬的眼圈马上红了，他仰仰头，尽量不让眼泪落下来，但是眼泪还是落了下来。他就将头转向了别处，不让我看到。后来，冬冬在他的《新老师印象记》中写到："……新来的班主任老师找我谈话，说相信我。相信我？我从来没有被人相信过，那一瞬间，我泪流满面，我决定相信她，和她做朋友……"

这就是爱的神奇魔力，也许我们自己没有感觉到，但孩子能感应。

有爱并不能一帆风顺。相处时间久了，冬冬的坏毛病渐渐凸显出来，他不但脾气暴躁，个人卫生方面更是一团糟。他感冒了，周围同学都跟着遭殃——他到处乱抹大鼻涕，桌堂、衣襟……最可气的，他还往他好朋友身上抹，弄得同学们一通慌乱。我责问他，他理直气壮，他说："我没找到纸嘛，不往他身上抹，我往哪儿抹？"同事们正好看见这一幕，都用奇怪的眼神看着我："这孩子……心智……"我赶紧打消他们的念头："这孩子心智很健全。"

常聊天让我渐渐走进了冬冬的心门。冬冬脾气急，暴躁，听得进表扬，听不进半点批评，但是本质善良，不恶，并且敏感脆弱。从小，冬冬是在爷爷奶奶身边长大的，因为是几代单传，爷爷奶奶娇宠得不得了，加上天性使然，爷爷奶奶也不敢管他，他就随心所欲地吃喝玩。后来上学了，冬冬回到爸爸妈妈身边。妈妈发现了孩子身上的一些缺点，就整天严厉地呵斥。境况忽然不同，冬冬的反应是对抗——在冬冬心里，他认为妈妈一直要求他这个要求他那个，不喜欢他做的一切，就是不喜欢他不爱他，所以不管大人说的对与错，他都不接受，都认为是嘲笑他，挖苦他。但是如果妈妈不大声责骂他，不和他发脾气，他还真就不把大人的话放在心上了。

冬冬和小区的小伙伴，和班里的同学在一起玩有了矛盾的时候，并不懂得隐忍和谦让，似乎他的字典里就没有这两个词。他会马上觉得大家不喜欢他总挑他的刺儿，暴怒瞬间引燃。最开始的时候，他吵，吵不过，就打，然后对方就怕了。他尝到了"甜头"——打，这个办法最直接，最便利，也最能解决问题。于是，他的性情就越来越暴躁了，生活习惯没人敢管，也就更随意了。

现在已经五年级，大家都躲着他让着他，渐渐地，他对班里任何事都不再感兴趣，上课趴桌子，作业想写就写，不想写就随便划拉几笔，想对谁发脾气就发脾气，反正大家都让着他，更没有人敢惹他。

原来，缺乏爱，会让一个孩子的心灵逐渐枯萎，想必也只有爱，能重新滋润他的心田。我这个新老师似乎给了他一些新的气息，他回家一遍遍叨咕："新老师竟然说相信我。相信我？我这样的坏孩子她也相信？真是奇了怪了。"

听到这样反馈回来的信息，我很感动，心里也很欣慰，看来，当初刚与他接触时，我的方向是正确的，爱和尊重，把他当作正常孩子来对待，孩子就一定会找到正确的方向。

冬冬虽然行为习惯不好脾气暴躁，但是我发现，他的作文写得很好。就像他的性格，习作的时候也是随心所欲，爱写的作文他会灵感爆发，一边写一边自己旁若无人地"咯咯"笑，不愿意写的，就趴在桌子上耍赖不写。有一次他写了一篇《我的小弟》，幽默风趣，文笔流畅，人物性格特点鲜明又生动。我很激动，在班里大声读他的作文，并由衷地夸赞他说："你简直就是写作的小天才！"冬冬特别惊讶地看着我，一下子坐直了身板。同学们都热烈地给他鼓掌，他的脸红红的，嘴角也挂起了微笑。

夸赞他的作文，让他对语文对班级活动产生兴趣，但是，他行为习惯和性情的改变甚微，不久，体育课上就发生了他暴打小明的事件。

冬冬出手狠，一拳挥出，小明的脸上，靠近太阳穴的地方，立时起了一个紫色的大包。半张脸也肿了起来。我看着心疼，眼泪都掉了出来。冬冬却还是一副愤愤难平的样子，抱着肩膀气呼呼地喘粗气："谁叫他惹我了！"

我找冬冬妈妈到学校来商谈，冬冬妈妈的眼泪一下子就落了下来，她看着小明的伤势，很心疼。她刚要张嘴训斥冬冬，冬冬就冲着妈妈大声喊叫了起来："你们都怨我都怨我，我不好我不好！"冬冬妈妈不敢再说话了，只好尴尬又无助地望着我。我告诉冬冬，这件事等明天大家都冷静下来再处理吧，现在首要任务是带着小明去看病。第二天，冬冬终于冷静了下来，向小明承认了错误。小明也说，的确，是他先用言语刺激冬冬的，冬冬说不过他，就犯了老毛病动起手来。

晚上，我和冬冬妈妈进行了一次长谈，话题依旧是爱……

谈话开始，冬冬妈妈很悲观，认为自己已经无能为力了。我告诉她不要放弃，冬冬之所以有今天的性格，就是大家放弃的结果。我说，咱们联起手来，只要去爱他，让他感受到这个集体是欢迎他的，同学们是喜欢他的，老师和家人是爱他的，他感受到了，在这个基础上因势利导，循循善诱，他的行为和对大家的态度就会有所改变的。冬冬妈妈听我这样说，感动起来，她说老师您都不放弃，我更不能放弃了。

爱，就这样开始在家校之间传递。

我尝到了爱一个人的甜头，看到了冬冬渐渐对我依恋和信任，就经常找冬冬聊天，关心他，爱护他。冬冬文笔不错，我和他聊天的时候，就鼓励他，可以带头在班里办班报，他当主编，编委会也由他挑头建立。这个提议让冬冬兴奋，他开始张罗了起来，组稿、策划、编辑……弄得热火朝天。这时候我乘机又和他谈心，我说主编这个位置也不是谁想当就能当，更不是谁都有能力当好的，老师和同学们都看好你，相信你能行。冬冬的小脸乐开了花，他说：老师，您放心吧，我不会让您失望的。我随后又说：咱现在是主编了，是班里的重要人物了，以后和同学相处可得讲究点方式方法了，大家都崇拜你喜欢你，你可不能对同学们再动粗。还有个人卫生……冬冬没等我说完，就表起了态：大家这么相信我喜欢我，我也得像点样不是！

主编的职位让冬冬简直变了一个人，他对班里的事情也开始上心了。我也用这个职位约束他。期末考试临近，我私下里说：主编，要带头考个好成绩哦！还有广播操大赛，主编能被同学们落下吗？有一天放学的时候，冬冬主动凑到我身边和我谈心：老师，您看我这段时间表现咋样？够主编的料吗？我故意沉吟："嗯，还行吧，表现不错，但是我相信你会表现得更好。"

寒假的时候，冬冬随我去华东五市参加冬令营。在冬令营期间，我偷偷观察他，发现他遇到事情态度温和了起来，个人卫生也有了天翻地覆的变化。我又找冬冬聊，夸赞他的进步，冬冬说：我老妈说了，心态的"态"字就是心要大一点，人要宽容一点，在人群中才不会被孤立和排斥，我要做一个心胸宽广的男子汉，当然了，个人卫生，是做好男子汉的前提啊！

这就是爱的力量！

教师有两种，一种用自己的教学方法去筛选适合自己教法的学生，于是筛选出了一些不合格的学生——差生；而另一种教师用自己的学生去筛选适合自己学生的教法，于是，筛选出了一些不合格的教法，从而改进教法，因材施教，最大努力让学生成才。后一种教师，就是拥有爱的力量的教师，鲁迅说：教育，根植于爱。我要永远做后者。

爱，打开了一道道可能封闭的心灵之门，爱，就是教师手中握有的走进童心的金钥匙，它远远超过了责备、惩罚，是教育中最具影响的神奇力量。

23. 孩子们，再见

（注：2010年8月，我离开带了五年的班级奔赴新岗位，我和我的孩子们，难舍难分。）

这一声"再见"出口，百感交集。

五年的光阴不算短，更何况我们曾共同成长。

是想让自己的生活有一点色彩吧。这一点，孩子们要向我学习，追逐阳光，你就永远在阳光的照耀下生活。苦，也难，可是登高望远的快乐，山下的驻足和徘徊又怎能够体会和明白？

我是一个没有伞的孩子，没有伞的孩子，必须努力奔跑。这话，孩子们，你们懂吗？其实，你们也是，老师不是你们的保护伞，爸爸妈妈也不是你们的保护伞，那些看似能够为我们遮挡风雨的坚强臂膀，其实，是需要我们自己去打磨修炼才能得到完成的。你们的理想都很远大，人生的路途刚刚开始，小翅膀也有了一点坚硬和顽强，那就继续加油努力吧，不要因暂时的离别而乱了方寸，更不要伤怀，要用自己更大的信心和勇气踏上征程。我永远都在，在你们身旁，在你们左右。你们也永远都在，都在我的心里，永远都不会离开。

孩子们，要听新老师的话。我相信你们的适应能力，我们换过那么多的数学老师，你们不也一样适应并且很快和新老师们打成一片了吗？记住老师曾经的那句话：不要让老师来适应你们，你们要主动去适应新老师。每一位老师都有他自身的优势，你们多接触一些老师，博采众长，会让自己更优秀。磨砺越多，咱们的功夫越硬。这是好事，我们该高兴才对。更何况，人生没有不散的宴席，即使我不走，一年之后，我们不也一样会分离吗？亲爱的孩子，你们懂吗？

　　孩子们，你们不要伤心。我相信，我希望，我亲爱的孩子们不要伤心和难过。对于我们来说，更重要的，是怎样地，继续将自己的路途走得好，走得完美，走得精彩。

　　孩子们，你们要像从前一样，甚至比从前还要努力去学习。今后的路上，我会一直关注你们的，更会一直陪伴你们，初中，高中，大学，成家立业……如影随形，直至终老。

　　再见，最最亲爱的孩子们！

　　再见，再见……

第二章　中国式长大
——小谣老师"心信箱"

1. 从来都不曾孤单

小谣老师：

您好！

很高兴能写这封信给您。

平时，在班里，我是一个不怎么爱说话的人。走进教室，在一个不太起眼的角落，您可以看见我在座位上端端正正坐着，嘴里时常带着一抹微笑，这就是我——王××。

慢慢地，我已经六年级了，"胆小"已成了我的一个改不掉的毛病，所以我习惯用微笑来面对大家，因为胆小我不爱说话，班里很少有我的声音。每次，当一大堆小朋友聚在一起哼着歌玩游戏时，里面没有我，当大伙们一起欢快唱歌时，我却没有唱，当同学们积极地举手发言时，里面也没有我。

就是因为胆小，我的朋友很少，因为我不主动。就像今年夏天，一大群小朋友在我家门口玩，妈妈叫我也去和他们玩玩，可是，我却不敢主动和小朋友们打招呼。唉，就是因为胆小，害羞，害我失去了和那么多小朋友交朋友的机会。现在想想可真后悔啊！

每次，蒋老师在讲台上生动地讲课文时，我不敢举手提出自己的见解。每当大家分享着别人的作文时，我却低着头，不敢把自己的作文拿出来跟大家分享。事后，我都会想：有什么好胆小的，同学们又不会变成老虎把我吃了。可一到关键时刻，我就会犯老毛病。

小谣老师，我知道您最行了，快教教我吧。我期盼您的来信。谢谢！

　　祝

　　工作顺利，身体健康！

烦恼的小王
2011 年 9 月 7 日

小王同学：

　　你好！

　　我现在，真想穿越屏幕和你握个手啊。你知道吗，我都这么大了，见到领导我还是躲得远远的呢。害怕和他说话，害怕在公共场合发言，害怕与陌生人交往……你说，在性格方面，咱俩是不是很相似啊？呵呵，要是你也感到了相似，你就不用担心了，因为，我知道，文静少语的性格并没有耽误我，还有你，并没有耽误我们变成优秀的人。何况，你还有那么让人着迷的特质——微笑。相反的，因为寂寞，因为孤独，我们反而会在宁静中学会思考，学会欣赏，学会品味。我们会静下心来读更多的书，去更广阔的世界中寻找真正与我们心灵契合的朋友，不是吗？

　　人和人怎么会一样呢？就像花，牡丹富贵，秋菊清雅，淡蓝色的米兰，会散发独有的沁人心脾的芬芳。我们每个人的性格也是一样，它们也是各不相同的啊，有的人热情奔放，有的人沉稳内向，有的人心细如丝，有的人心怀宽广……一种性格享受一份人生，谁又能说咱们的人生不会有精彩绽放，不是诗意美好的呢？

　　所以，苍松有苍松的坚韧挺拔，蒲公英有蒲公英的轻盈美丽，我们啊，大可不必为自己的性格内向而烦恼，更不必刻意地去寻求改变，任其自然发展好了。上课不想发言，咱就静静地听着；不爱和大家一起唱歌，咱就不唱。咱把烦恼的时间节省下来去多做一道数学题，多读一些书，或是去看看电影，或是，等你长得再大些的时候，你可以像小谣老师一样，每逢假日，背起行囊，独自去旅行……这等等等等的一切，不都比我们坐在那里哀伤更有意义吗？

说了这么多，我只是想告诉你：没关系。就像现在这个样子挺好的，没啥可烦恼的。何况，你那么热爱微笑！爱笑的人都是热爱生活的人，所以，生活也一定会加倍垂爱于你的。

自信上来，你会忽然发现，你已经成为了一个具有独特魅力的人，不是吗？

共勉！

童小谣

2011—10—29 10:08 星期六

2. 明天的太阳照样升起

唉，露馅了

我敢百分之两百肯定，每个小孩都认为过新年是件大好事，可我却在这美好的节日里狠狠地狼狈过一次……

那天，我还在梦里游玩时，就冷不防地被妈妈一手提起。刚提起我，妈妈的嘴照例"广播"了："今天去你叔叔家拜年，你给我早点……"妈妈的话我早就习以为常了。尽管我"牛皮"出了名。但我还是规规矩矩地奉旨行事。我刚穿上裤子就觉得太紧了。我揉揉眼睛，低头一看，原来是我那条"紧箍咒"。我脱下来刚想换一条大一点的，可妈妈又下了一道"圣旨"："不许换，这条好看……""可这条太……"

话还没说完，妈妈早已无影无踪了。唉，活该，谁叫我那么胖的，如今又加上这张能吃能喝的嘴，都快比皮球圆了。天意如此，我别无选择，只好照办。我刚走出房间，就碰到了爸爸。看他正在揉眼睛打哈欠的样子，就知道他也刚被妈妈拽了出来。他看到我扭扭捏捏的样子，禁不住开怀大笑。真是气煞我也，本王已一肚子火了，现在又受你取笑……"吃早餐了！"哼，我只好把这事搁一边。

吃完早餐，我们就向叔叔家出发。妈妈和爸爸早已进到叔叔家里，只有我孤身一人在后面"扭"。终于我也来到叔叔家门口。我探出头来说:"叔叔阿姨新年好。"说完,又慢慢地扭进去了。他们看我的丑样,都哈哈大笑起来。我低头,缓缓走到沙发上坐下。坐在沙发上的我无聊至极,除了听他们说话,只能望"玩"兴叹。

过了好久,我终于忍不住了。走到电视机前准备开电视,没想到刚走到电视机前就听见"刺啦"一声,我也没放在心上。刚坐回去,他们都朝我笑。我正疑惑时,突然发觉裤子好像进风了。伸手一摸,妈呀,裤子开裆了。他们又哄堂大笑……我低下头,涨红了脸……

至今,那一刻的尴尬仍在我脑子里不断回放,我觉得自己很丢脸。小谣老师,我该怎么样把这件事忘记呢?

尴尬的小李

小李同学:

你好啊!

你的信让我想起了发生在我身上的一个故事。

记得在我小时候,有一次,我去山上挖野菜。说是挖野菜,其实,我是去看一个令我心仪好久的放牛男孩去了。那个男孩很帅,高我一个年级,会打鼓,是我们学校文艺队的骨干。我很喜欢他,可是,情窦初开,只是默默地喜欢,从来没有向任何人说起过,包括他。

那天,我远远地看见了他,他正蹲在一棵大树下,一边执鞭驱赶蚊蝇,一边读书呢。我绕到他的后边,忽然,我注意到了,他蹲在那里,裤子开线了,蓝色裤子里露出的红色线裤就像一瓣西瓜瓢。我红着脸跑开了,从此,再也没有去看过他。

哈哈,小李同学,当你读到我这个故事的时候,是不是也哈哈大笑了呢?是不是在替那个男孩感到害羞或是尴尬?哈哈,多难为情啊,裤子开线了,在女孩面前丢脸了!

可是你知道吗,随着时间的推移,我慢慢长大了,那个男孩的样子渐渐模糊了,如果不是你这封信,我好像再也想不起当初对于我来说是那么重大的红线裤事件了。

其实，就是这样的，时间在流转，太阳在沉落又升起，我当初那么在意那个小男孩的那条蓝裤子红线裤，现在，不也只是一个美好又纯净的回忆了吗？所以，孩子，并没有人在意，别人在意的只是你的在不在意。每个人都有他自己的生活，或是烦恼，或是欢喜，你的故事，在别人的记忆中只会像云一样，来过又飘走而没有痕迹。还有，时间是个好东西，它也是一剂药，你若觉得痛，可以找它来医治——睡上一大觉，或是出去走走，或是看上一会儿书，或是听一会儿音乐，保证你的心情马上就会好转过来了。何况，根本就不是什么大事，难道你听不出来，大家的笑里都饱含着爱意呢！

我敢打赌，当你收到我这封信的时候，嘿嘿，你的烦恼，你的尴尬，也一定已经被你忘记了吧？哈哈，它长了腿儿，早已跑到九霄云外去了。这就是时间在帮忙呢！

好了，聊到这吧。

祝快乐，冬安！

童小谣

2012—01—03 22:41 星期二

3. 没有什么做不到

我遇到的难题

在现实生活中，每个人都会遇到难题，这就要看你怎么去解决了。最近，我在生活中遇到了一些难题，一直让我很困惑。

比如说第一个吧：我在上课时候，总喜欢咬手指甲。记得有一次，在上姚老师的数学课的时候，我在咬手指甲，突然被姚老师看见了，还有几个跟我犯同样毛病的同学也被姚老师尽收眼底。姚老师说我们像婴儿一样，只有婴儿才会做这样的动作。当时我就很难为情。而且我还知道手指甲中有很多细菌，这真是明知故犯，不应该呀！有什么办法让我改掉这个坏习惯呢？真让我困惑。

那第二个难题呢？就是我写字的速度很快，但是字为什么会写得很难看呢？说到这，我想大家都会来取笑我，你这不是明知故问吗？有一次，我在上蒋老师的语文课时，因为上课的大部分时间都在写字嘛，我就全神贯注地写着。蒋老师看见我的笔飞快地转动着，就让我不要写得那么快，慢一点好了。但是我听了以后还是写得很快，就是不能放慢自己写字的动作，而且是越写越快，没过一会儿作业就OK了。当我把作业本交上去的时候，蒋老师就说了："沈许斌，你的字怎么会跳芭蕾的呀？还像蝴蝶一样会翩翩起舞的呢！"蒋老师一边说还一边做着动作，"你就不能写慢点吗？写那么快，你要赶飞机呀？就不能把字写得漂亮点呀。"我现在已经在控制写字的速度了，为什么还是写不慢呢？我也知道，写得慢了字也会漂亮起来的。真是恶习难改呀！这两个难题困扰我很久了，希望老师和同学多多地帮助我，让我能尽快走出困惑！

小沈

小沈同学：

你好！

我得正式地和你谈谈了，你的这两个难题是两个坏习惯，你的确得改掉了。

让小谣老师感到欣慰的是，你已经发现自己的毛病并决定去改正了，这是最重要的，表扬你。

咱们来做一个实验，好吗？

首先，你准备一个本子，专门的日记本。然后，从今天开始，你每天记录下自己一共咬了多少次手指甲。假如第一天咬了20次，第二天你就给自己18次的份额，超过18次你就惩罚自己（惩罚方式自定）一次，第三天，逐渐减少份额次数……21天的时候，你会惊奇地发现，你已经好多天不咬手指甲了。再坚持下去，嘿，39天之后，100天之后，你发现了，你已经养成了上课认真听讲的好习惯了。

心理学家研究指出，一项看似简单的行动，如果你能坚持重复21天以上，你就会形成习惯，加油！

我还要求，你在记录咬手指甲的次数的同时，还要写上你的一点点小心得，你要一个字一个字慢慢地用心去写，比如"的"字，第七笔的横折钩，你要真的折出来，而不是一个圆弧下来，撇要撇到位，横要横得直，并且以后，只要动笔，哪怕只是一张便条几个数字，你都要慢慢写，用心写，你要养成动笔即慢的好习惯，相信自己，也只需要21天，你就会成功的，你就会养成写字慢的好习惯，并且，你的字，也会越写越漂亮的。

其实，这个世界上的事情没有做不到的，只有我们想不到，你已经想到了，那么接下来，就差去做去坚持了，我相信，你也一定能坚持能做到的，对吧？

试试看。

当然，不要给自己太多压力，每天只是一点点，贵在坚持。相信你，只要你努力，终有一天，老天都会来帮你的，你要等到那一天！

21天后，来信再聊，好吗？

祝安！

童小谣
2012—01—04 09:38 星期三

4. 走过那一段小忧伤

我的烦恼

亲爱的小谣老师：

您好！今天我很苦恼，我对老家有一种难以言表的感情。和小伙伴们捉迷藏，在田野里奔跑，让风飘过我们的耳根，那滋味可是说不完的好呀！

可去年，老家拆迁了。我们搬到临平市区，这里到处是高楼大厦，我心想："能做一个临平人了，真高兴！"可事实却恰恰相反！

到临平刚开始几天很新鲜，不是逛街，就是购物，可之后就越来越闷。

因为时间一长，就很想念以前的好朋友，想到再也看不见以前的热闹场面了，我鼻子一酸，眼泪快要吧嗒吧嗒落下来了。

唯一可以让自己减少伤心的方法便是从窗口远眺，因为对面有一幢老房子，与老家的房子颇有几分相似。清晨的阳光照进来时，我打开窗户，第一眼看见的便是那幢老房子，那时我就想起老家。边想着，边懒洋洋地赖在床上，楼下仿佛传来以前小伙伴的声音，催我早起。可现在，早晨没有了好伙伴的声音，只有嘈杂灌耳的汽车声，我不禁感叹，还是农村好，早晨一片清幽，也有许多知心朋友的陪伴。

说到朋友，我想说："在临平，找一个朋友好难啊！"我愿意接近同龄人，可他们好像都很忙，没空理我。住了一年多，还没交到朋友，有快乐事没人与我分享，而遇到伤心事，我又没人倾诉，我只能把好事、坏事一股脑儿往心里塞。

每当看到别人和朋友交谈或者玩游戏的情景时，我总觉得有说不出的难受，不知是羡慕还是嫉妒，总觉得心里少了什么东西。我该怎么办呢？

苦恼的小任

小任同学：

你好！

向你推荐一本书，是一位叔叔写给大人们看的，但是小孩子能看懂，也适合小孩子读。大人会在书里找到从前生活的影子，孩子也会在其中读到熟悉的故事。这本书叫《小忧伤》，写书的叔叔叫赵瑜，很有才华，常常会带我们怀念童年。

书里的有些句子正好可以读给现在的你听。

"面对时间的河流，我们每个人都想跳进去，向上游溯进。向上游游去，向内心深处游去，向相互的起点游去，向温暖的记忆游去，向安静的村庄和家园游去。我们一定会遇到一双单纯的眼睛和淡淡的忧伤。我们一定会在某一个季节遇到自己的童年，他并不理会我们，他在扮演着另外的角色。"

是啊，陌生的环境里找不到可以一起欢闹的好朋友，曾经的美好回忆占据了现下生活的所有空间……你的忧伤就像那些饱满又散发清幽的栀子花的香，四溢着，带着青春的懵懂和希望，向这个世界流淌而来——我知道，你正在经历，正在经历那个长大的过程。这一行程过后，回头看，你的嘴角就会满含笑意，当然，还有甜蜜的、美好的、淡淡的忧伤。

"细想一下，多数人的一生，都和我一样，不会有什么惊天动地的劫，有的，不过是一些小忧伤。"

所以，不必担忧自己的心情，如果它想忧伤和惆怅，就任由它忧伤和惆怅。只是，我们不要把它看得多么大，其实它很小，小到在我们漫长的时间的河里，它只能扮演一个小坑洼。

"以为是大得永远过不去了，不久，即为自己的失态而羞涩，相对于长长的一生来说，那些小坑洼，不能算什么。"

是啊，等到有一天，我们经历再大一点的坑洼的时候，从前学会的坚强和勇敢就会派上用场，没什么，多大的坑洼我们都能迈过去，跳过去，然后走向更高更远的地方。没有人，没有事，没有什么能够阻挡，带着伤也好，满身荣耀也罢，都会向前走，没有谁会停留。

"那些情节，无法阻挡，那些画面，未敢遗忘，那是我们共同的忧伤。"

一直走，一直向前！

只是，这一路上，是要一直沉湎纠结于过往的情绪或回忆？还是一路欢歌，即使跌跌撞撞，也是斗志昂扬？可依靠的，全在你自己。

共勉！

童小谣

2012—01—10 09:01 星期二

5. 做一只圆润的蛋

我的烦恼有好多

大人们经常对我们说：你们真快乐、幸福呀，无忧无虑的，真好。但是如果你是一个小学生的话，你一定会反驳大人们。因为我们并不是像大人们说的那样无忧无虑，那样幸福快乐。比如我，我的烦恼就不像大人们想象的那样少。大家猜猜我有哪些烦恼？你们肯定说我卖关子卖得太不对了，既然你们猜不出来，我就告诉你们吧。

烦恼一：我是个全寄宿班的学生，上学期间，一周五天，无聊的时候只能找朋友一起玩，可不像在家里，无聊的时候爱玩什么就玩什么。既然朋友这么重要，那朋友能少么？我的朋友算是不少，但有一部分却是"假"朋友。"假"朋友是这样的人：嘴上说"我是你最好的朋友"，但是行动上却和说的完全相反，在别人困难的时候，完全不给予任何帮助，还动不动就说绝交，而且不能忍让对方的任何错误。我觉得朋友不能这样，我的真正的朋友曾经和我谈论过真正的友谊，我们认为，友谊中的两个朋友难免会发生争吵，并会说一些类似绝交的气话，但是架吵完后，并不会真的绝交，这才是真正的朋友所做的事情。但"假"朋友呢？吵架的"序幕"才刚刚展开，就郑重地说绝交，而且说了绝交之后从来没有和好过，等到我主动和他说话时，他还倔强地说："都和你绝交了。"这就是真正的朋友和"假"朋友的最大区别。我的"假"朋友虽然不多，但是他们是我的一块心病，因为我希望和所有的同学都成为真正的朋友。怎样才能让那些人知道真正的友谊是什么样的呢？真是令人烦恼。

烦恼二：学习是来学校的最基本的目的，但是，重压下的学习实在令人烦恼。每天留作业的时候我都会暗暗祈祷：作业不要太多呀。在学习中写作业是必然的，但是留的作业量得有个数呀。尤其是在期末复习的阶段，复习课上没完没了地重复讲的内容，让人听得耳朵都生出了茧子，除了重复讲，就是重复写，在三年级升四年级语文考试的前一天，语文数学课下作业虽然没有了，但是课堂作业的数量实在是令人无法接受，作业写完后，没有一个人不说手酸手痛的。

烦恼三、烦恼四……总之，我并不像大人们说的那样无忧无虑。

小彭

小彭同学：

  你好！

  我喜欢你这样的孩子，有宽广的胸怀，希望和每个人都成为好朋友。可是，小谣老师不得不泼你的冷水了，因为这个世界上并没有相同的两片树叶，每个人的脾气秉性又各不相同，我们怎能要求所有人都接受你并按照你的意愿成为你的好朋友呢？"假"朋友的存在让你烦心，可是，他们真的再正常不过了。你没有错，他们，也没有错。在友情的国度里，谁都有权力选择对方，哪怕是一只小老鼠，它也可以美美地倾慕另一只树洞里的小花蛇，和它分享刚刚偷来的一粒坚果。

  所以，与每个人都坦诚相待，真心交往，适合你的友谊自然会来到你的身边——他懂得你的心，珍视你的友谊；你也能够静静地听他炫耀刚刚获得的班级第一名而不嫉妒，而是为他高兴！这样的朋友，哪怕只有一个，也就够了。他会成为你人生最为宝贵的财富，富可敌国。

  "怎样才能让那些人知道真正的友谊是什么样的呢？"

  不，这不是我们应该做的事！我们只应该做好自己该做的：潜心读书，修为自己，善待他人。仁者乐山，你像山一样豁达宽厚，青松的根就会扎得更深；智者乐水，你像水一样圆融通达，落花的香气也会浸润其中。总有一颗星会种满你喜爱的蔷薇，只要你用心去经营。

  让我们试试，一心付出，永不抱怨。

  你的第二个问题也很有普遍性，有太多人在为此叫苦不迭。可是，小谣老师要告诉你的还是，你要严格按照老师的布置去做，背单词，做数学，写作文……咬牙坚持到完成它们之后再崩溃，在你的日积月累当中，终会品出滋味来。把单词背到最熟，把数学课本吃到最透，把作文写到文通字顺……因为，这就是游戏规则，你不遵守，就容易被淘汰出局，那样，世界就变得不好玩了。

  连岳有一句话，可以送给你：你要做一粒蛋，用圆润坚强的壳抵挡、消除压力，但是蛋心却不能烂掉，这是你的生命之源。

最后，不得不告诉你，小谣老师也认为，你的生活的确幸福，的确无忧无虑。不信，换一个角度观察一下它，你就会发现了。

祝你的生活永远美好！

童小谣

2012—03—02 08:11 星期五

6. 妙招

我该怎么办

"哗哗哗……哗哗哗……"卫生间的水龙头又在欢快地唱歌了。

妈妈离开的脚步声传入了耳朵。

我的脑海中突然闪现出许多令人心酸的事：在西北缺水严重的山区，全是裸露的沟坡，干涸的河岔，旱裂的渠道和枯竭的水井。"年年防旱，天天找水"，已成为旱区群众流传已久的民谣。甘肃定西地区漳县木林乡庞家湾村，这里只有山下3里路外的一条沟里有一眼方不到一米、深不足一尺的小山泉，它是整个山庄人赖以生存的生命之泉。在这些严重缺水的山庄，因饥渴难耐而举家迁移外出谋生的并不罕见。宕昌县茹树村乔文彩一家要迁走了，邻居老大娘依依不舍，送上几颗糖给不满周岁的小孩，还叮嘱他们一家，在外边没着落了就回来，好歹祖祖辈辈都这么过来了。

那水声在我听来是令人心烦不已的噪音。想到这里，我的心里萌发出了一个想法："我要教育妈妈，让她能自觉地节约用水。"

"可怎样才能让她节约用水呢？"问题像一个恶魔似地挡住了我的去路。

心心

亲爱的心心同学：

你好！

赶快行动起来啊，在思考的时候，又有多少水资源在哗哗流淌着啊？

所以，走上去，轻轻关闭水龙头，同时，将闪现脑际的那些故事讲给妈妈听，聪明的妈妈一定会感动于你这颗纯洁善良又富有责任感的心，而有所行动的。即使以后忘记了，我想，只要你稍稍提起，她也会坚持去做的。重要的是，你一直在坚持，你行动起来，胜过很多大道理——你可以帮助妈妈洗菜，剩下的水浇花；你可以帮助爸爸洗衣服，少放洗衣液，这样可以减少洗衣的次数……

还有，你可以在家里有水的地方张贴一些温馨提示语，例如"节约用水，从点滴开始""珍惜水就是珍惜您的生命"等等，或是发挥你的专长画一些漫画张贴在爸爸妈妈随时能看到的地方，身体力行，言传身教，不仅仅适用于大人对孩子，你也可以，你的行动，你的意识，一定会让妈妈觉醒的，同时，这些也体现了你对这个家的责任和关爱。

小谣老师还建议你将这件事情做得范围再广一些，你可以在全班发起"节约一滴水，幸福千万家"的倡议，号召同学们帮助爸爸妈妈节约用水，同学们都行动起来了，爸爸妈妈都行动起来了，周围的亲人朋友都行动起来了……这个影响不可估量。

还是那句话，重要的，是坚持！

祝好！

童小谣

2012—03—22 13:37 星期四

7. 幸福向左烦恼向右

爸爸妈妈，我想对你们说

妈妈，我想对你说，你有些啰嗦，没有办法，这是遗传的，因为你的妈妈，我的外婆，也很啰嗦。

每天的唠叨从早上我起床就开始了，让我动作快点，刷牙洗脸动作要快，吃早饭要多吃点，一个早上就跟打仗一样。你下班回来又会问我，饭吃得多吗？肉吃得多吗？今天的古诗抄写了吗？今天学到的成语是什么？今天的400个跳绳完成了吗？晚上，当我和小朋友玩得正开心的时候，你又来捣乱，要抓我回家睡觉了，然后就一路上唠叨，早点睡，早点睡，要不早上又起不来了！唉！没完没了地唠叨。

爸爸，我想对你说，你有的时候，对我太严格了，有一点坏脾气，骂我骂得有点过分。

经常会因为我的一道题没做好，或者一句英语没有翻译好，就板起脸，训斥我，说我一点都不用心，甚至有的时候，还打我漂亮的小脸。我记得我小的时候，天气很热，我想开空调，你却不让，还用我的小风车来打我，风车都差点被你打烂了。如果，下次你再这样，我就不客气了，以牙还牙，我也要用手打你的屁屁，这总不过分吧？

爸爸妈妈，你们知道吗？其实有的时候，我特别希望我的爸爸妈妈能够对换一下，爸爸可以像妈妈那样，对我比较放松，经常鼓励我，而不是经常训斥我，总是拿别人家的小朋友的长处来和我比较！妈妈呢，可以像爸爸那样，喜欢运动，这样，我以后就会有一个像我和爸爸一样苗条的妈妈。妈妈可以像爸爸一样喜欢历史和地理，这样以后我提出来的任何问题，都可以从妈妈那里得到满意的答案啦。

爸爸妈妈，告诉你们，我以后想当科学家，关于天文方面的科学家哦，我特别喜欢晚上跑到小广场玩的时候，抬头看美丽的夜空，虽然很少看到星星，但是，等我哪天发现了彗星，一定会第一时间告诉你们的，好吗？

我以后还想当植物学家，我特别喜欢观察莲花北村的树木，还有花园的花花草草。

如果都当不了，我就当一名普通的员工，可以在不工作的时候，写写小说，爸爸妈妈，你们会支持我吗？

菲菲

菲菲同学：

你好！

我正在看一部电视剧，叫《浪漫向左婚姻向右》，里边有一个十分可爱的小男孩，叫天宇。他的做医生的妈妈就爱唠叨，唠叨的内容和你的妈妈一个样。有一天，爸爸妈妈吵架了，妈妈愤然离家。爸爸原本要向妈妈低头接妈妈回家，天宇拦住了爸爸，说，多么难得的自由时光啊！我们终于解放了，这么多年她管着咱们，你还没受够吗？这回，再没有人管咱们了，你愿意几点睡就几点睡，愿意不洗澡就不洗澡，我愿意玩多晚电脑就玩多晚，哈哈，多自由啊……两个男子汉为自己的"新生"激动得相拥欢呼。

可是，没过几天，小天宇和爸爸开始想念妈妈的严厉和唠叨了。天宇经常迟到，成绩下降，由班长降到了小组长；爸爸的生活没了秩序，家里更是乱得像个猪窝……他们这才意识到，妈妈的唠叨，原来是指引自己成长的一盏航标灯。

爸爸对你的爱更不需要我来注解，你的字里行间，更是说明，你早已经体会到了。我们不要要求他们是完美的人，有一些小瑕疵，生活才会变得色彩斑斓。但是，小批评一下爸爸，打孩子，还是不对的。

真是羡慕你，妈妈开明大度，爸爸博学又热爱运动，他们对生活，对你都充满了热爱和期盼。那么，在这样和谐温暖的家庭长大，你所有的梦想都会成为现实。遨游星空，种植花草，成为普通工人在家里写写小说，我想，无论怎样，爸爸妈妈都会一直在你背后支撑你的，因为爱你本身，胜过你所获得的那一切，包括荣耀，包括平凡。

这样一说，你就懂得了，无论你怎样努力，其实，都是在为你自己，和他们没有关系。对吧？

祝好！

童小谣
2012—03—22 13:41 星期四

8. 向日葵的追逐

亲爱的小谣老师：

您好！

怎么样才能让别人不讨厌你呢？怎样改掉一个坏毛病呢？我叫蕊子，也可以叫我开心果。

您的朋友　蕊子

亲爱的开心果蕊子朋友：

你好！

记得前几期，小谣老师曾经帮助一位小朋友用21天坚持法去改掉咬手指甲的毛病，这个办法，你也可以拿来一用。找一找。当然，21天并不一定就能将毛病彻底改掉，但是，坚持重复21天，绝对会让一项看似简单的行动，成为一种习惯。重复，坚持，重复，坚持……就会胜利。

相信我，也相信你自己！

还有，你说怎样才能让别人不讨厌你。小谣老师觉得，你不应该纠结在这样的问题当中，你该想的问题是：我喜欢谁呢？

这并不是以自己为中心，更不是自私自利，这恰恰是对社会对周围人的一种负责。

我们经常这样问自己，就会在众多我们喜欢的人身上发现越来越多的优点，想要靠近，自然模仿或是超越或是追随，你会变得越来越优秀。向日葵会在一天变换各种仰头的姿势，是因为它追逐阳光，向往美好，你也能。

还有，我们还会在这样的追问中不断地扣问自己的心灵，询问自己真正的需要，哪里做得还不够好，哪些地方以后要继续发扬，我想要什么，我能给什么……这就是著名的"吾日三省吾身"。

原谅他人，善待自己，与人为善，用爱度生。

所以，不要费心地去寻找朋友，沉心做事，用心思考，做好自己，优秀的人自然会围绕到你身边来。那时候，你绝对不会再考虑"怎样才能让别人不讨厌"这样的问题了，你考虑的，是其他的，更有意义的大事了。

好好学习，天天向上——有一位伟大的人曾经将这句话送给我们，我送给你。

细细咀嚼，很有滋味。

祝好！

童小谣

2012—4—23

9. 吃零食的烦恼

亲爱的小谣老师：

您好！

我是二年级的小学生，为什么我老是爱吃零食，请问您怎么能让我不吃零食呢？

您的朋友：伊人小小

亲爱的伊人小小：

你好啊！

小谣老师的学生刚刚从二年级迈进三年级，所以，你的短信让我亲切无比！我了解这一阶段小朋友的特点，的确，喜欢零食，并且难以控制。首先表扬你，你已经有了想控制零食的意识，你离戒掉零食已经不遥远了。

小孩子爱吃零食是天性，我经常看见一些小朋友有空没空的手里就抱着零食吃，或是油炸食品，或是饮料，或是洋快餐……小谣老师告诉你，经常吃零食只有两个结果，一是脂肪堆积你会变成大胖子，二是发育不良你会变成小瘦子。还有一点，常吃零食对牙齿不好。小谣老师身边的一个朋友就是典型的零食控，现在，年纪轻轻的，她已经拔掉好几颗牙了。你现在正是身体发育的关键时期，需要营养，又需要营养均衡，你的饮食习惯决定你身体发育的方向。过胖或是过瘦，最终导致的结果都是会严重影响你的生活质量。无论是大胖子还是小瘦子，将来，你去见丈母娘或是公公婆婆的时候，是不是自信就会缺失很多啊？哈哈！开个玩笑，只是为了严肃地告诉你：小学生吃零食，百害无一利，应该坚决控制和杜绝。

想要控制零食很简单，看见过垃圾吗？就是我们随手丢弃的那些东西？有些小零食，如果你透过华丽鲜美的外表包装看它的加工制作过程，你就会发现，它们就是一样样近似垃圾的东西经过加工再制造而成的，吃着它们，就是在吃垃圾！恶心吧？那就别再吃了。

身体是革命的本钱，身体棒棒的，将来才有足够的资本成就梦想！

祝好！

童小谣
2012－4－23

10. 遇到人生的一面墙

跑步的烦恼

每个班一星期都有三节体育课，同学们最爱上的就是体育课。每天都盼着上体育课。和同学们一样我也很爱上体育课，上体育课能缓解学习疲劳，放松心情。可是，每节体育课上，老师都要让我们跑步，我最讨厌的就是跑步了。

跑步虽然能锻炼身体，提高身体抵抗力；但是我很胖，跑起步来极其笨拙。没跑上半圈，就气喘如牛，上气不接下气，感觉特别累，好像刚跑几千米似的。一点力气也没有了，只好走着。真不知道别人的体力怎么那么好，跑几圈连一步也不走，我可真羡慕他们有一个好身体，佩服这些跑步健将。

老师让跑步，最少也得两圈，多的时候得跑好几圈。有时候，因为自己跑得太慢，常被别人告诉老师。老师知道后就严肃地训说我一顿。让我重新跑，或再罚我几圈，为此我可头疼坏了。可有些人还喜欢跑步，真不知道他们是怎么想的啊。

小康

亲爱的小康同学：

你好！

键盘敲打你的名字的时候，我写成了蔡康永。哈哈，一不小心！瞧，你的名字和台湾这位著名主持人兼作家多么相似啊！

蔡康永曾经写过一首诗，我觉得适合送给现在的你。他说："我们会遇到各种墙/我们推墙十下，墙也不会倒/我们推墙百下，墙也不会倒/我们推墙千下万下，墙还是不会倒/墙就是不会倒，但我们会因为用力推墙而肌肉强健，变成有力量的人/墙不倒，不该成为我们自愿当弱者的借口……"

你现在所遇到的，就是你人生中的一面墙，在别人看似简单平常，于你却是苦恼而又艰难，那么，我们何不妨换一种心态，向自己的极限发起一番挑战呢？

小谣老师曾经教过一篇课文，至今仍记忆深刻，那里有一段精彩的话我时常讲给我后来的学生听，激励他们，让他们学会在磨难中坚强成长："在教室里，我们都以为自己敌不过那场风雪。事实上，叫你们站半个小时后，你们也顶得住；叫你们只穿一件衬衫，你们也顶得住。面对苦难，许多人戴了放大镜，但和困难拼搏一番，你会觉得，困难不过如此！"

所以，康同学，老师让你跑两圈，你就尝试着跑三圈；自己身体条件不允许，你就想办法让它允许——每天早上别人还在沉睡的时候你早起跑一圈；别人晚上进入梦乡时你出外跑一圈；改变自己的生活习惯，重新为自己订一套作息时间。可能短时间内你依然因完不成老师规定的圈数而被罚，可是慢慢你就会发现，你的肌肉已经越来越强健，你的意志已经越来越坚强，你眼中曾经让你无限放大的困难，其实，也不过如此。

真的，我建议你向自己发起挑战：不想跑、不愿跑、累、头疼，而你，偏要去跑！一个人最难战胜的就是自己，如果你连自己都能战胜了，这个世界，你就什么都不用怕了。

跑步的好处真是太多了：维持并提高总体的身体水平；锻炼头脑，抵抗疾病；放松自己，减少压力；让你更加自信。最重要的，跑步，还会让我们告别臃肿身材。

写到这里，我特别感激起你的体育老师来，他，是多么负责，又是多么爱你啊!

祝好!

童小谣

2012—06—02 12:55 星期六

11. 中国式的长大

小谣老师：

您好！

我是一名六年级的小学生，现在学习压力非常非常重。在学校，我们换了个幽默风趣的好老师，就因为这样，我们班是全年级最幸福的班——我们完全没有毕业班的压力，我们班天天充满欢笑与快乐，老师给我们全身心的放松，没有给我们施加小升初的大压力。您肯定会问了：既然这样，你怎么还会有烦恼呢？唉，学校老师是给我们放松了，可是家长望子成龙的心还是没有变啊！他们担心我们比不上别人，担心我们长大以后没出息，担心我们会一事无成……所以说，他们给我们报这个班那个班，语文数学英语班，奥数心算综合班，真是怕什么来什么。我们喜欢的素描班、钢琴班、书法班……全被拿掉了！政府喊减负，喊了几年了都没见行动，只是敷衍我们小学生罢了。现在我们总结出：周末用来干什么？用来学习再学习！周末放假用来干什么？就是用来上这班和那班的！最近我又碰见了一件伤心事：我的外公外婆好不容易从外地回我老家一趟，除了过年我就没见过他们，要不是因为要上补习班我就可以回去见他们了！我好想他们啊……

《小小少年》里唱的是："小小少年，很少烦恼，无忧无虑乐陶陶……"而现在这首歌是这样唱的："小小少年，很多烦恼，都是因为压力大……"对不对？

桂林　蓝蓝

亲爱的蓝蓝同学：

你好！

你的这个问题很普遍啊，我听到很多孩子都在抱怨：无休止地补课，铺天盖地的课外班……屡禁不止。你深陷其中，很苦恼，我理解。其实，你的爸爸妈妈，他们更苦恼：谁不爱自己的孩子？你们辛苦，他们不心疼吗？不，他们心疼。我也是母亲，我理解。但是，他们为什么明知其累，偏欲行之呢？

小谣老师先给你看一幅漫画。

漫画上面有很多人，他们都背负着十字架向前行走。走着走着，有一个人累了，他拿斧子将自己的十字架砍掉一段，于是轻松前行。又走了一段，他又累了，于是又砍掉一段。这时候，前面突然出现了一道沟壑。别的人都将自己的十字架架在两岸之间过了这道沟，而这个人拿出十字架搭过去时，却发现，十字架差了一截。于是，他只好滞留在了岸边，不能再前行了。

孩子，这幅漫画中的含义，你明白了吗？

对，这就是父母们明知孩子辛苦还要让孩子参加各种课外班的原因。他们是成人，他们知道人生路途是多么漫长和艰辛，要想走得坚实和美好，从小，就要练就一身好功夫——有了十字架可以跨越沟壑；有了大翅膀可以抵御风寒。除非，你是一个没有理想的人，你心甘情愿地承认你比别人差，不如别人。

是的，现下就是这样的教育模式，我们尝试着换一种心态来应对这些压力和负担吧，你会发现，你的很多潜能和某些特质被发掘了出来。境况真的很难吗？你真的做不到吗？不是，只是我们没有努力罢了。

所以，你最强的对手，其实，就是你自己！

但是，小谣老师坚决反对家长拿掉素描班、钢琴班、书法班……那些特长的学习，才是我们将来应对社会的真本领！

还有，父母在给孩子选课外班的时候，不要强加，要和孩子商量，要尊重孩子，孩子想通了，自己就会主动去付出努力了。

孩子，背起十字架，坚强上路吧！父母的安排，你内心的压力，这里边的平衡，还要你自己去掌握。掌握这种平衡的过程，就是中国式的长大！从你的字里行间，我相信你的韧性，你会做得很好！

感谢你的好老师，向他致敬！

祝夏安。

童小谣

2012—06—29 21:10 星期五

12. 拥有一颗感恩的心

小谣老师：

您好！

平时，爸爸妈妈一直把我照顾得无微不至，可是，我很想让他们静下心来听我说一说我的烦恼！

爸爸是一个勤奋上进有事业心的人，这点我很欣赏，但是，他一天到晚太过操劳了，每天晚上我和妈妈等着他回来吃饭，左等右等，等来的偏偏是不回家吃饭的电话。于是，我和妈妈总是怀着失望的心情吃晚饭。这样不仅伤了他的身体，更破坏了我们家其乐融融的家庭气氛。

而且，爸爸有些不守信用，早在好几个月之前就答应我换台新电脑，可是现在却连一点想法都没有，难道他没听说过，一诺千金、一言九鼎吗？难道他不知道"君子一言驷马难追"的道理吗？我真希望他能做到言必信、行必果！

还有，爸爸的呼噜声实在是"惊天地泣鬼神"啊，每天晚上，隔着房间，还能听到他声声若惊雷的鼾声，听得我的脑袋嗡嗡作响，良好的睡眠更是奢望。希望他能想想办法。

妈妈哪儿都好，唯独唠叨这个毛病改不掉。我不得不在唠叨声中度过每一天，有时候她唠叨起来，听得我头昏眼花，心智糊涂，于是，我们偶尔会上演一场"惨烈"的母子大战。

最近，每当我不听话的时候，她总是皱起眉头不断地发出啧啧声，我一见到她的这个表情，心中就会升起一种无名之火，然后就是我们不欢而散。我该怎么办呢？

山东济南　乐亭

亲爱的乐亭同学：

　　你好！

　　我又要开始讲故事了。

　　曾有一个佛陀，乘船渡江，不想风大浪高，把船打翻了。佛陀像一片树叶般地在江中沉浮了许久，才筋疲力尽爬上岸来。上岸的第一件事，他不是责骂船家无能让他丢失随身携带的一切，也不是诅咒恶风险浪差点要了他的命，而是跪在沙滩上遥拜师父："谢谢师父！"有人不解地问："你为什么不谢谢菩萨？"佛陀说："原来我并不喜欢游泳的，都是师父每次强把我拉入水中，教我学会的。不是师父，我命今日休矣！"遇了难，不是去责备谁，而是心存感激，人生就达到了一种超然的境界。

　　这个故事会让你换一种思维方式来思考问题。

　　爸爸妈妈的"缺点"可真是多啊——爸爸回家晚、不守信用、还爱打呼噜；妈妈爱唠叨，导致你经常"无名火起"……可是，你有没有从根本上去关心一下他们呢？

　　爸爸为什么会打呼噜？从医学上讲，打呼噜是一种病。或者，你也说过，爸爸工作很辛苦。那么，是不是他工作太劳累导致身体疲乏，从而晚上睡眠质量降低而打呼噜呢？这些，你有想过吗？

　　妈妈爱唠叨，这的确很令人头疼。可是，从另一个角度来讲，这是不是因为她对你深爱、对你有期望，只是不太会表达呢？而你就因此和她经常上演"惨烈"的母子大战？我注意到你用了"惨烈"一词，感到心里一疼——我不希望孩子这样和父母相处。

　　这个故事还会让你换一种行为方式来处理问题。

　　爸爸回家晚了，你递过去一杯热茶；爸爸睡觉打呼噜，你督促他去医院检查；妈妈唠唠叨叨，你静下心来和妈妈谈心……你改变了，你的周围就会随之改变，你的生活也一定会明亮起来。

何况，你还说"爸爸妈妈一直把我照顾得无微不至"、"爸爸是一个勤奋上进有事业心的人"、"妈妈哪儿都好"……

学会感恩，学会理解他人，就像故事当中的那位佛陀一样，也就学会了豁然通达。咱们不紧紧盯着爸爸妈妈的"不足"不放，也不去愤恨抱怨，多想想爸爸妈妈平时的不易，多想想他们对你的爱，你的心就会开朗起来了，你的生活，也就像大海和天空一样开阔起来了。

你也就慢慢长大了。

祝秋安！

童小谣
2012—07—21 23:21 星期六

13. 写给妍妍妈妈的一封信

小谣老师：

我家妍妍上三年级，她是个对写作很有兴趣的孩子，几乎每天都愿意动笔写写画画。只是她对考试作文和一些命题作文总是不太感兴趣，也不愿意动笔练习。请问我该怎样去引导她？这样会不会影响她考试作文的成绩呢？

福建　妍妍妈妈

亲爱的妍妍妈妈：

您好！

很高兴能和您探讨孩子的作文问题，更让我高兴的是，妍妍是一个"对写作很有兴趣的孩子，几乎每天都愿意动笔写写画画"。

作为一名一线教师，在我的孩子当中，我常常为发现妍妍这样"对写作感兴趣"的孩子而感到欣喜，但是，同时我也焦虑不安，因为我也渐渐发现，孩子们越来越惧怕写作文了，并且，我还发现，堵塞孩子泉涌文思的直接杀手，竟然是应试作文。

最近，我在读一本书，是王小妮的《上课记》。王小妮是一位诗人，她在海南一所大学做老师，让她深恶痛绝的，就是应试教育培养出来的孩子们的作文习惯，她为了纠正那些"好词好句""没有真实的情感"费了好大的劲儿。

当我们站在高处看问题，就明白了症结所在——让孩子厌倦作文的，就是那些"好词好句"砌垒的命题作文。

这不是危言耸听。

但是，我们毕竟生活在中国，孩子从小就得接受中国式的教育，那么，这中间的关窍怎样教孩子平衡呢？

首先，在孩子成为会写作的人之前，我们要让他成为会讲故事的人。孩子小时候，我们除了给他讲故事，还要鼓励他把心中的故事讲给我们听，比如让他讲述他记忆中的一些事情。还可以用"你记得……吗"类似的问题来引导孩子，以打开他记忆的闸门。

孩子再大一些的时候，我们可以用传纸条的方式和孩子沟通——"你想不想去游泳啊？为什么呢？"等等。或是，在家里随处可见的地方放置纸笔、小卡片、小信封、小邮箱，让他感到快乐并学会用短信的方式表达愿望和想法。孩子做游戏的时候，"写"也可以派上用场，比如游戏规则、输赢结果等等，孩子都可以记录下来。

孩子再再大一些，给孩子一个笔记本，让他将闪过脑际的想法随时记录下来，时间久了，就会连缀成篇。或者鼓励孩子写观察日记、私密日记、生活日记等等。不要有字数要求，更不要把这当成任务分配给孩子，不要让孩子感到是在写作，要让他有兴趣、主动去做。写日记，写心里话，是锻炼孩子写作能力的最直接最有力的好方法。而他开始并不会意识到，你要想办法让他爱上它。他爱上了，你就成功了。

在这些基础都打牢之后，孩子自然就会掌控应试作文和真正作文之间的关系了，老师要求"好词好句"八股腔，好，就稍稍往老师那边偏一偏，但是，孩子的心里已经知道，什么才是真正的写作。孩子是有韧性的，相信他一定会做好。

祝安！

童小谣

2012—08—08 21:18 星期三

14. 当好班长的学问

小学生的烦恼

亲爱的小谣老师：

您好！

我是一名小学生，但是烦恼却比大人的烦恼多。

我希望有很多朋友，所以我会尽量宽容我的同学，不打小报告。但是，我最近听我班一位同学说，××说："要和橘子（就是我）搞好关系，然后在她有困难时，就离开她，看她怎么办。"

对了，我也忘说了。我是我们班的大队委加班长，因此，许多老师都会找我，让我帮他们一些事情。我们班同学都喜欢当老师的小助手，所以，他们有时会嫉妒我。

我们班的班主任对我强调，要为同学服务，先吃苦后享福。可我发现，我每次吃了苦，到后来并没有享福。

我很伤心，为什么，为什么我老是不能跟同学们搞好关系，为什么……

橘子

亲爱的橘子同学：

你好！

你是班长，又是大队委，看来，你很有能力，在同学们中间也很有威信，不然，老师和同学们不会如此信任你让你做这么重要的工作。

班长好当，但是，要想当好班长，还真是一门学问。小谣老师是一线教师，所以，我深深理解你的烦恼，我也常常站在你们的角度为你们想：夹在老师和同学们中间，闹不好，老师认为你工作能力不强，同学们认为你专爱打小报告让人烦……唉，白费力气不说，还里外不讨好啊。

其实，只要你用心琢磨，这中间的关系，还是好协调的。

首先，要摆正自己的位置。老师说的对，"要为同学服务，先吃苦后享福"，做班长的，不是班里高高在上的"官儿"，而是老师的好助手，同学们的好帮手、主心骨儿。大家都看着你呢，希望这个班级因为有你，而变得团结进取，蒸蒸日上。在这其中，责任心最重要，要有担当，要把班级当成自己的家，把为同学们做事，为班级做事为己任——班级有活，你不要指挥同学做，而是要带头干，要干得多，要干得好，大家自然向你学；同学在学习和生活上有难处，你要尽可能去帮助和照顾；平时，多和同学们一起活动，做游戏、聊天、谈心；自己的学习和行为，更要有积极向上的认真态度。班长就是一个班级的标杆，你做好了，带好了头，慢慢地，这个班就会形成一股向内向上的凝聚力，就会有良好的班风。

然后，你也可以和老师沟通，希望老师在班里批评同学的时候，就说是自己发现某某同学的错误的，这样，大家就不会说你爱打小报告了。或者，老师如果不能说，当你发现同学们犯错误的时候，你就自己来处理，这样既为老师分忧，又锻炼了你的能力，又增进了你和同学之间的友谊。

还有，你所说的"我会尽量宽容我的同学"，指的是什么呢？是同学们犯错了你会替他们隐瞒不告诉老师吗？其实，你这样做是不对的。你想，假如你有一道题不会做，你的同桌拿过他的题给你抄，另一个同学过来给你细心讲解让你懂——两个人，同样都是"帮助"，你会感激哪一个呢？一样道理，被你"宽容"的同学，你在包庇他的同时，他也看到了你的没有原则，从而，更加不服气你了。正确的做法是，耐心地和他谈心、讲道理，再不听，就报告老师来处理。这是正义的事情，没有错。

这些事情你都做到了，又何愁和同学们搞不好关系呢？

问候，秋安！

童小谣

2012－10－02 10:38 星期二

15. 享受孤独

亲爱的小谣老师：

我想交到好朋友，大家都不愿意和我玩，该怎么办呢？

江西　邓子豪

亲爱的邓子豪同学：

你好！

小的时候，我家住在一个小山村里，我喜欢看书，还喜欢村子里那个梳长辫子的小姑娘，我喜欢和她一起玩，喜欢被她带着满山遍野地跑。可是有一段时间，长辫子小姑娘不和我玩了，还告诉她周围的小朋友也不要和我玩。于是我孤独起来，只好整天躲在自家的小屋里度过我童年的日子。后来，我离开了小山村，慢慢长大了，我才知道，其实，孤独，并没有什么不好。

可是，那时候，我正在长大，是多么需要友谊啊，我甚至觉得，友谊比生命更重要。

所以，我特别能够理解你现在的心情，也能体会你的渴望。那么，首先，我们就来反思一下，为什么，没有人愿意和我们一起玩呢？是我们自身有什么毛病吗？然后，我们再尽量做好自己。不要急着去寻找友谊，要等，要学会静静地等待，静静地磨砺自己——多读书、努力学习、跑步、打球……等到你足够优秀了，友谊自然会飞奔着来到你身边。最后，和大家相处的时候，尽量不要让大家来适应你，要学会去适应大家，要做一个谦和、礼貌的人，懂得尊重对方，对方自然会尊重你赞同你。

做好以上三条，朋友自然来，并且，他们还都很优秀！

还有，要学会享受孤独：一本书，一次旅行，一段静静沉思的时光……

都会让心灵沉淀下来。这就是，为什么我会说，其实孤独也挺好。

所以，顺其自然吧，在我们想好自己并没有哪里不好以后。因为你该相信，纵使全世界都抛弃了你，还有一个人在爱着你，那就是，你自己。

秋安！

童小谣

2012—10—03 07:00 星期三

16. 小鸟的成长

我的爸妈

我有两个爸爸和三个妈妈。大家一定会惊讶得能吞下一个鸡蛋，但事实的确如此。

襁褓之中，我的亲妈就离我们而去，我连妈妈长什么样都不知道。三岁时，爸爸给我找了一个后妈，后妈对我如亲生儿子一样。好景不长，后妈又生了弟弟。渐渐的，后妈把对我的爱转移到了弟弟的身上，对我的疼爱明显不如从前了，爸爸也对我很冷漠。七岁时，我的养父养母把我接走了。

养父养母虽然对我有求必应，但我心中总有一缕忧伤。我一直在想：为什么亲妈离开我，亲爸抛弃我？

我真的好迷茫啊！

小海

亲爱的小海同学：

你好！

你的迷茫让我好心疼。我放下手中所有的活计，认真给你写这封信。

是啊，这份经历这样与众不同，在小朋友们还不懂得痛苦的时候，你就已经开始有了忧伤。我能想象得到，因为这份不一样，你的心情该有多么惆怅。

可是，小谣老师并不同情你，因为，你不需要同情。

在我的家乡，有一种鸟，我不大记得鸟的名字，只是知道，鸟的翅膀刚刚坚硬的时候，它的爸爸妈妈就会离开它。我见过小鸟在爸爸妈妈最初离开时的惊慌失措，想要飞，却怎么也飞不高。可是，没经过几场风，没历过几场雨，小鸟就已经能够飞上蓝天自己捉虫吃了。我没有见过小鸟的父母再回来过，我只是看到，当小鸟再有自己的宝贝的时候，当宝贝的翅膀长得正好可以飞翔的时候，小鸟和它的妻子在高枝上柔声鸣叫，然后离开，也是再不回来。如此反复。我那懂得鸟语言的爷爷说，鸟爸爸鸟妈妈离开的时候，它们柔声说的是：你是世界上最勇敢的宝贝，你会好好成长。

小海同学，我们可以将这个故事当作童话，也可以从故事中得到慰藉：真的，恨怨的反面是爱，我们有多软弱，其实就有多坚强。弹簧压得越低，反弹力度越强。同样道理，你这样的心情说明你有多么爱大家。可是，也请你相信，在你周围的每一个人——永远离开你的妈妈、亲生爸爸、养父养母，他们对你的爱，也毫不逊色。就像那只离开爸爸妈妈的小鸟一样，终有一天你会明白，爱，形式各有不同。从你的字里行间，我看到了你的独立、坚强，我知道，你终会明白。

人，如果不自弃，就没有人能够抛得下你。请相信！

孩子，换一种心态，你会看见晴朗的天。雨露之恩，我们报以涌泉；懂得感恩，才有快乐！爱你身边的每一个人，他们值得，你更值得！

我也爱你。

童小谣

2012-11-19

17. 小鸽子的烦恼

善解人意的小谣老师：

您好！

我是四年级的女孩儿。我们班最近刮起一阵"游戏风"，同学常在一起开开心心地谈论"赛尔号"游戏，我却不敢靠近他们。因为我玩电脑的时间很少，一个假期才玩四次电脑，其他同学一天玩一两个小时。真羡慕那些同学，他们谈论什么，我都不懂，怕被同学笑话。请帮帮我！

苦恼的小鸽子

亲爱的小鸽子：

  你好！

  说起"游戏风"，那曾经也让我苦恼过。

  我朋友的一个小孩，一直优秀，初三之前谨遵老师和家长"电脑猛于虎"的教诲，从来不去碰电脑。他是老师和家长最放心的好孩子，但他对电脑却充满渴望。妈妈说"考上重点高中，妈妈给你买电脑"，于是他发奋苦读。那年的中考，他以相当优异的成绩考上了重点高中重点班，他的电脑也如愿来到。谁都没有想到的是，从此，他就开始迷恋网络而一发不可收拾。后来，他上了高中，终因无心学习而被退学。

  举这个例子是想说：电脑游戏本身，是没有什么稀奇的，你把它当作平常物，它就是平常物，就是我们学习生活的一种调剂；你看它神奇，它就会和你捉迷藏。

  像你，一定是对电脑怀有一份迷恋！这也正常，电脑里毕竟有一个宽广的世界。关键是，我们会不会让它驾驭我们的精神世界！真正开发制造游戏的人是不会去玩游戏的，因为他们明白，游戏终归也不过就是个游戏而已，他们当它是一个赚钱的工具。但是对于我们来说，游戏，却永远不会成为我们的职业，更不会给我们带来任何收益。

  所以，小鸽子又何必苦恼呢？大家谈论游戏的时候，如果懂得，就凑上去说两句；如果没玩过，不懂得，就说不懂、不知道，或者，干脆不参与，可不可以呢？

  从你的来信中，小谣老师隐隐为你担心。我担心的不是你有没有话题和同学们进行谈论，担心的不是你因玩游戏时间短会被同学"笑话"。我担心的是，就你自身而言，你真的将这样的事儿当成了事儿吗？"假期才玩四次电脑"、你不懂"赛尔号"，为什么会被同学笑？或者，真的会被同学笑吗？你有没有想过，在你的周围，会不会有人因为你没有浪费时间一个假期才玩"四次电脑"而对你暗暗佩服呢？因为空闲出来的那些时间，你肯定是在做着一些更有意义的事情：读书、旅游、和小朋友一起拥抱大自然……正所谓失之东隅，收之桑榆。

最后，小谣老师悄悄和你说，你说的"赛尔号"，我也不懂，我都没有听说过——电脑游戏，我从不涉猎。那么，亲爱的小鸽子，你会不会嘲笑我？会不会因此，就不和小谣老师好了？

小鸽子，期待你的回信。

童小谣
2012—11—24 23:38 星期六

18. 一年级家长的烦恼

亲爱的小谣老师：

您好！

时间过得真是飞快，一转眼的时间我的儿子都已经上了小学，暑假的时候有空能帮儿子复习复习，可是到了学校就没有时间了，从儿子的智力水平看来是没有问题的，可是在学校老师看来，总是觉得他太小，上课的时候总是显得不太专心，每逢此时，我总是显得有些急躁，可是静下心来又觉得儿子毕竟只有6岁还不到，看得让人心疼不已，家长会上老师一再强调，现在的孩子注重的是赏识教育，不能简单粗暴，要尊重孩子，采取循循善诱的方法，慢慢建立这种良好的学习方法，注重的是引导而不是要去改变孩子，按大人的方法和逻辑去改变孩子，只能毁了孩子的求知欲和创造力的培养。

可当孩子不如别的孩子，当老师表扬一个孩子却又不是自己的孩子时，我自己的心里却又不是滋味。我的孩子怎么了？他还不够优秀吗，尽管自己知道孩子还小，可有的时候还是期望自己的孩子能够优秀优秀再优秀，做大人的我真不知道该如何去教育好自己的孩子……

安徽六安市　乐庭家长

亲爱的乐庭家长：

您好！

网上曾有一篇文章打动了很多父母的心，在今年的家长会上，我把这篇文章读给家长听。文章题目是《坐在路边鼓掌的人》。您不妨找来一看。

文中的小女孩说：当英雄路过的时候，总要有人坐在路边鼓掌。我愿意做那个在路边鼓掌的人。

同学们对这个女孩的评价是：热心助人，守信用，不爱生气，好相处等等，写得最多的是，乐观幽默。班主任还说，很多同学建议，由她来担任班长。班主任对女孩的母亲感叹：你这个女儿，虽说成绩一般，可为人实在很优秀啊。

我对我的家长们说，作为一名老师，看着班里众多的孩子在一起慢慢成长，我分明知道，就是这样的孩子，就是这些甘愿坐在路边鼓掌，有一颗平和心的孩子，将来才会在社会站得稳，他们会成为这个社会的最优众数。

这样的孩子，难免落寞，不爱哗众取宠，老师很少关注赞誉，可能上课不专心，可能成绩还平平……可是，这些都是真相吗？

美国孩子，在五六岁的时候，需要达到三个标准才够优秀。

一是在没有任何利益驱使的情况下，可以和别的小朋友做朋友。

二是孩子在受了委屈，没有外人帮助的情况下，他能够做到宽容，不告状，不求助大人。

三是孩子在把对方东西弄坏或是造成伤害的情况下，能主动道歉，并敢于承担后果。

这看似简单的三条，我认真地观察班里的中国小朋友，真的，很少有孩子能做到。那些能做到的为数不多的几个，在班里，是最有人缘最让人温暖的孩子。不一定能歌善舞，不一定成绩优异，并且现在，他们正坐在路边为英雄鼓掌。

他们的背后，是一群目光远大，懂教育、豁达开明的好父母。

乐庭才一年级，一年级就给孩子下结论说优秀与否，未免为时过早。不过一年级咱们就有忧虑这也是好事，找准了方向现在去培养，您就不会再焦躁，孩子也会向着更加美好的方向茁壮成长。

《坐在路边鼓掌的人》结尾处说："这世间有多少人，年少时渴望成为英雄，最终却成了烟火红尘里的平凡人。如果健康，如果快乐，如果没有违背自己的心意，我们的孩子，又何妨做一个善良的普通人。"

您觉得呢？

童小谣
2013—01—16 12:12 星期三

19. 矮个子的烦恼

"矮冬瓜，矮冬瓜，"听听，又是姑姑在喊我了。我只有无可奈何地撇撇嘴，没办法，谁叫咱个子矮呢？

个子矮真的有很多的烦恼。例如，我总坐第一桌，上课吸粉笔灰不算，有时老师"激情四溢"的唾沫还会溅到我的脸上；要是值日时排到我擦黑板，我努力跳起擦粉笔字的时候，边上总是围着几个看笑话的调皮鬼……

课间十分钟，本来应该开开心心地好好玩一下，可是我竟然有点害怕下课。我出去玩时，总有个别男生会调皮地冲我喊"矮冬瓜"，我听了真是怒发冲冠，火冒三丈，恨不能扑上去揍他们一顿，不就是个子矮点儿吗？犯得着把人家说得这么难听吗？可转念一想，暴力不能解决问题，还是别理他们吧！"说我矮冬瓜，冬瓜矮吗？在蔬菜里面冬瓜算是最高的了。"虽然嘴巴这么说，算是自我安慰吧，可我还是很讨厌别人叫我"矮冬瓜"。

个子矮不仅是我的烦恼，也是妈妈的烦恼。她看见别的同学个子"噌噌"地往上蹿，急忙带我去检查微量元素，怕我因为缺这缺那所以长不高，结果啥都不缺，一切正常。妈妈盯着化验单直发愣，嘴里不停地念叨："什么都不缺，怎么会长不高？"最近一段时间，我一直在担心这个问题，亲爱的小谣老师，怎么样才能让我尽快长高呢？

张梦

亲爱的张梦同学：

你好！

能长高个也是我小妹少年时的一个梦想。我和大姐整天拽着她的头和脚向两边拉，或是让她在粗粗的高树枝上打悠悠——我奶奶说，那样能长高个。

后来，人到青年，小妹的个子还是不算太高，不过，小妹已经不那么在意了。

因为，我们都发现了，玲珑秀美的小妹自有小家碧玉的美，更何况，还才华横溢。

我曾经看过一个心理教练做的训练。

老师发给每个小朋友一个柠檬，要求孩子们去了解它。孩子们想尽一切办法——滚柠檬、闻味道、啃咬等。然后，老师把柠檬集中到一个盒子里，让孩子们找出刚才自己玩的那个。

虽然有些柠檬脏了，弄瘪了，还有些上面有牙印，孩子们还是找出了自己那个，并认为自己的那个是最好的。

最后，老师让孩子们把柠檬皮都剥掉，放在一个盘子里，这回，孩子们便无法再辨认哪个是自己曾经玩过的柠檬了。

老师说：我们就像那些柠檬，虽然外表存在差异，但是内心，是一样的。

然后，老师又让孩子们找出自己和别人哪些方面存在差异，可能谁会比谁矮，或是胖些，或是戴眼镜儿……

老师告诉孩子们一个事实：每个人都有自己的特征，有些人会因为看到自己和别人的差别，觉得自卑，但事实并非如此。高山和群岭，鲜花和灌丛，不相同，但各有各的好，我们在欣赏别人的同时，也不要忘记自己的美。

张梦同学，听到现在，你懂我的意思了吗？

就像我的小妹一样，"不要去听那些声音，你唯一需要关心的就是让自己强大起来"：读书、写字、旅游、锻炼身体、关注艺术……渐渐地你就会发现，曾经的那些忧虑是多么微不足道。世人万千，我们都不完美，自我的塑造却会让你变得高大而有力量。

不过，科学的调理倒是可以有些效果的，比如运动、睡眠、一日三餐以及心态等都很重要。找一些相关的资料看一看，相信，只要有耐心和毅力，就一定会有收获的。

祝好！

童小谣

2013—01—20 19:19 星期日

20. 老师偏向了怎么办

小谣老师：

我是一个五年级的学生，我们的英语老师总是对我和我的两位朋友不闻不问，却偏向一位学习较好的学生。一考试老师就帮她检查，有时候还让她批改我们的作业，我感觉就像老师不喜欢我们似的。因为这种感觉使我的成绩一直下降，这就使得老师更加不喜欢我了。帮帮我好吗？

不喜欢上英语课的琳琳

亲爱的琳琳同学：

你好！

我现在的学生也是五年级，刚好，我也经常面对他们这样的质疑：老师，对某某，您是不是有些偏心啊？

有一次，我批评两个小女孩，其中一个女孩脸皮薄，我批评得轻些，另一个大大咧咧的性格，我就多说了几句。过了好长时间，第二个女孩给我写私信：老师，被您批评的那天晚上，我哭了一整夜，老师偏心……

我高兴地给她回复：你哭，就说明你在意，那好啊，那就证明你更优秀给我看！

我听到说老师偏心的，还有我的表妹。

表妹初三那年从乡下来省城读书。她学习挺好的，自信满满，众人追捧。但那是在乡下，来到省城，班主任第一天就对她说：你们乡下的孩子和城里孩子是没法比的，基础差，素质低，你要努力。

这话挺伤人的，我们听着气愤，表妹却说：是，我心里也难受，老师的目光能杀人。但是，我心里有信念：我是在给我自己学习！所以，我不会消极怠工和老师形成对立面的，那样只会害自己。老师说的对，我和城里的孩子相比，的确有差距，我要努力才是。

表妹不抱怨，不消极，只是默默努力，一次又一次让自己的成绩步步靠前。初中毕业的时候，表妹以优异的成绩考取了重点高中，不光是老师，所有人都对她刮目相看。表妹说：正是老师当初的轻慢激起了我心中的斗志，我一定要证明自己，让自己有价值和不可替代。成绩是自己的，能力是自己的，这些会跟我一辈子，而老师的目光则不会。现在想来，或许，老师是有意的？我感谢她，感谢那些偏见。

看，琳琳，我是老师，我知道我从不偏心；表妹是学生，她知道面对老师的偏心她该怎样做。我们两个都对，是不？

琳琳，不光是你，几乎所有的孩子，包括大人，都会在自己人生当中经历过这样的事情——老师总是对某些同学微笑，对自己却忽然板起了面孔；新职员在单位，好的机会老板总是让给其他人……这些，其实，正是上帝给我们设的成长小障碍。

所以，我们要用平和心态去面对。

我的办法是忍，主动地去忍，然后，静静做好自己。不要去听任何声音，不要去猜度任何心意，只要做好你自己，静静去做，做自己。

我对孩子的教育，因人而异，方法不同，有些孩子，我就故意挫挫他的自尊心：不服是吧？那就证明给我看！

有些看似平常的话，往往就唤醒了孩子们心中的巨人。

谁知道你的老师是不是也在对你使用激将法？

所以，快乐起来，接招吧！

童小谣

2013－02－11 23:39 星期一

21. 孩子任性怎么办

小谣老师：

您好！

今天我收到了老师的一条短信，说是给孩子写一篇育儿心得，顿时我很茫然，说句实话，我觉得作为一个妈妈，我没有把孩子教育好，我觉得自己挺失败的。

我的工作很忙，有的时候我甚至想放弃自己的职业，在家中一心一意地带孩子，但我觉得一旦我放弃了自己的工作，可能我就不能给孩子更好的生活条件。我知道其实孩子是大人的一面镜子，怎样的大人就教育出怎样的孩子，我有时候想想可能是自己的原因，从小我就没有把握好原则，导致孩子现在很任性。可是你可知道，当你觉得亏欠孩子很多的时候，你就会不自觉地顺从她，宠爱她，把该养成的习惯及原则都通通忘记了。

后来轩轩爸爸说孩子是被我宠坏了，应该严厉点，我开始转变了自己的教育方式。我就开始用大声呵斥的方法教育她，但似乎一点也不管用，她虽然会被你骂哭，但是一会儿就会忘记，然后继续着坏习惯，没有一点效果。怎么样才能改正女儿的过分任性呢？

南昌市龙泉实验幼儿园：罗艺轩妈妈

轩轩妈妈：

您好！

法国教育家卢梭在《爱弥儿》一书中说："你知道不知道，用什么样的办法一定能使你的孩子感到痛苦？这个办法就是：百依百顺。因为有种种满足孩子欲望的便利条件，所以他的欲望将无止境地增加。迟早有一天，你会因为无能为力而表示拒绝。但是，由于孩子平素没有受过你的拒绝，突然碰了钉子，将比得不到他所希望的东西还要痛苦。"

您觉得"亏欠很多"而"顺从她、宠爱她"是在帮助孩子寻找那份痛苦啊——欲望达不到，整日啼哭、不服管教、发脾气，日子就在哭泣和牢骚中度过，这样的孩子，他怎么可能幸福呢？

作为一线教师，我了解，但凡在家里任性的孩子，在人群中，他都表现得自私自利，以自我为中心，所以，他是孤独怯懦的，甚至抑郁和狂躁，长大以后，他们武断、专横、霸道，最后一定会跌大跟头，惨遭失败。而追根溯源，孩子的任性真的不是天性使然，而是我们父母娇惯依顺造成的，并且，等到后果铸成我们再追悔教育不力时，往往已经无力掌控。

无力掌控，是为人父母最大的悲哀。

怎样改正孩子的任性行为呢？我同事的几个小招法值得借鉴。

1. 冷处理。孩子任性撒泼时，咱们可以不理睬或是暂时躲开。他觉得没意思就让步了。

2. 若是带孩子出门或是参加聚会等，提前和孩子约法三章，以免遇事孩子任性大人尴尬。回来，针对孩子的优秀表现大力表扬。

3. 孩子任性的时候，大人可以不动声色地做一些更有趣的事情，以将孩子的注意力从他坚持的事情上转移开，目的就是不能让他的要求轻易得到满足。

4. 利用孩子好胜的心理，施以激将法，激起信心，克服任性。

5. 年龄较小的孩子适当给一些惩罚。比如孩子不好好吃饭，提前说好要求，在规定时间内收走饭菜，别担心，小孩子饿不坏。细节决定成败，想想孩子的未来，就不会再心软。

除了以上几点，最重要的，是父母双方不要互相推诿责任甚至互相指责，教育孩子，是两个人的事情，你们要达成一致，互相配合，和孩子做朋友，多陪她聊天、游戏、讲道理，多进行心理疏导，这样，孩子就会向着正确的方向越来越靠近。

良好的教育，才是父母给孩子最好的人生礼物。相信她，也相信您自己！

祝好！

童小谣

2013—03—03 10:44 星期日

22. 自尊心受伤害了怎么办

亲爱的小谣老师：

  我一向学习不好，考试总是不及格。每当老爸看见我那不及格的考试卷子，就大发雷霆，可怕极了。他总是说："你还有四年读书时间，等你小学、初中都念完之后，趁早别念了！你是去捡垃圾，或是干其他什么的我不管，就是别接我的店（爸爸妈妈是开旅店的），除非我死了！"他这样说，太伤我自尊心了。我该怎么办？

鞍山　自尊心受伤的小读者

亲爱的自尊心受伤的小读者：

  你好！

  我经常对我学生的家长们说：没有差生，是我们没有发现他们心中的太阳。

  这句话也需要送给你的爸爸。

  不过，反过来我们应该正视爸爸的责备，爸爸的话，或许是在刺激你？爱你的人才会对你的某种表现表示欣喜或是暴怒，正所谓"爱之深，责之切"。我们应该深刻反思一下：为什么会学不好呢？是不是不够努力？还是方法不对？我想，你的智力肯定是没有问题的，如果有，做父亲的会明白这一点而选择原谅。

  我们要静心面对他人的指责，查找原因，积极地去面对。

  在这件事情上，很高兴看到你的伤心和难过——古人有一句话叫"知耻近乎勇"，意思是说，知道耻辱的人和勇敢的人相差不多，换句话说，知道羞耻也就接近勇敢了。你已经知道了自己的不足，爸爸的责骂令你自尊心严重受挫，我们是不是因此反而有了前进的动力？那么，我们何不找准原因，刻苦学习，迎头赶上？

  知道自己耻辱了，从而发挥出力量和勇气，"知耻而后勇"，是一种多么值得夸耀和赞美的品质啊！

面对，而不要逃避，更不是愁闷等待和寻求心理安慰。为了证明自己，也要选择刻苦努力。这个世界上没有什么做不到，只有我们不去想。落后了，成绩不好，却不当回事，或是一味地颓废迷茫，这才是最可怕，也最让人感到难过的事情。

应该和你的老爸好好谈一谈，说说你的想法，谈谈你的决心，让他见证也好，或是让他帮助你渡过难关也罢，总之，走上前去，也是给他一个信心和希望。

你不是差生，是你还没有发现自己心中的太阳。你要相信这一点。但是，也要让老爸永远相信，对吧？

共勉！

童小谣

2013—04—06 08：31 星期六

23. 好作文，是改出来的

小谣老师：

我家孩子很喜欢看书，可是写作文对他来说却是件麻烦事，每次写完，我在读过一遍之后，觉得有个别地方不通顺，希望他做一定的修改，这时他便很没有耐心了。好像作文对他来说只是任务，完成了就再也不管了。我该怎么样教育他，让他改掉这个习惯呢？

山东　袁义翔妈妈

义翔妈妈：

您好！

记得我刚做语文老师的时候，也是，每次写作文，都是孩子们打完草稿，然后由我认真地从布局谋篇到字、词、句、段、标点符号，一点一点地去修改，修改成型，再由孩子们将作文誊写到作文本上，我再写上评语。最后呈现给家长和领导的，都是一篇篇优秀的习作。可是，等到孩子们再写同类作文的时候，我发现，从前的错误还在重复：错别字还是那个错别字，不通顺、不具体的句子还是从前那样不通顺、不具体，考试时即使出现和从前一样题目的作文，卷子上，孩子们依然还只是只言片语，不会写的，还是不会写。

我发现，导致孩子们写作文不进步的间接"杀手"，竟然是我的包办。

后来，我开始在培养孩子们自己修改作文的能力上下功夫，我给孩子们讲贾岛的"推敲"故事，告诉他们，但凡大家写作，都不是一遍成篇的，一篇篇优秀文章的问世，背后必有作者精心的打磨与修改。贾岛对一个字的推敲痴迷到忘乎所以，契诃夫认为"必须永远抛弃那种认为写作可以不必修改的想法，改三遍四遍，还不够"，等等。大家们尚如此说如此做，我们习作，更应该养成自己修改的好习惯，并让它伴随终生。

我告诉孩子们，修改作文最好的办法，就是读。

首先，大声地将作文读给自己听，遇到不顺的地方，就修改。这是最好也是最便捷的一种修改作文的方式，自己给自己当老师，有感情地读，凡是读起来绕口听起来别扭的地方，就停下来检查、找问题，然后修改。

然后，可以将作文读给同伴或是爸爸妈妈听，俗话说"旁观者清，当局者迷"，别人的意见是十分珍贵的。并且，在听者指出习作毛病时，要虚心接受，删、增、改，要毫不留情，只有这样，习作才能进步。

修改作文还有一种办法叫"时间冷却法"，就是习作写好后，过一段时间再找出来读，再修改。这种办法比作文完成后立即修改效果还要好，因为过了一段时间，作者的思维发生变化，思路更加清晰明了，更容易发现习作中的错误了。

教育家叶圣陶先生说过："教师修改，不如学生自己修改，自己修改不限于课内作文，要养成习惯，无论写什么都要修改，把修改作文看成是一种思维过程，养成自己改的习惯，这是终身受益的。"孩子们学会了修改自己的文章，也就掌握了另一把写好作文的金钥匙。

义翔妈妈，培养孩子的这个习惯很重要，但是，只要我们坚持，没有什么做不到的，何况，您已经意识到它的重要性了，对吧？

共勉！

童小谣

2013—04—06 20:10 星期六

24. 别人给我起外号怎么办

亲爱的小谣老师：

我叫汪丰澳，同学们经常把我的姓和狗联系在一起，还给我起各种外号哦，我很苦恼，帮帮我吧！

汪丰澳

亲爱的汪丰澳同学：

你好！

前一段时间，我发现我班里的同学也在疯狂给别人起外号，并以此为乐。当然，大多数愿意给别人起外号的同学，他们也有外号，也是"受害者"。

为此，我专门开了一节班会课，和大家聊"外号"的问题，让他们谈拥有外号的感想。

有一个叫洪元的男孩说，老师，由于我名字里边有一个"元"字，再加上我本身是个小胖子，大家就叫我"胖胖"或是"圆圆"。开始，我很生气，觉得这个外号不好，大家是在故意"羞"我，可是时间长了，我也就无所谓了，并且还有些喜欢这个外号了，觉得这个外号蛮亲切的，大家这样称呼我，是和我关系好呢。

小元在班里人缘极好，随和亲切，大家都喜欢他，期末评选四好少年，他的票数最多。我听出来了，他的这个外号，大家也并无恶意，更多包含的，是爱意。

但是像小元这样想得开，并能接受外号的同学并不在多数，对于此，同学们也各有高招。有的孩子说，别人给你起外号，特别是一些"恶意外号"，最好的办法是淡然处之，冷处理，或是自嘲式化解尴尬，你越不在意，说的人越觉得没意思，反之，你越是生气或是去重视，说的人会越起劲儿。还有的孩子说，遇到"恶意外号"，我们还可以找当事人谈，说自己不喜欢这个外号，希望得到尊重。

看，问题公开聊一聊，就会有很多办法，并且，问题本身，似乎也不那么严重了。

我也建议你在班里发起这样的聊天，孩子之间，到底要不要起外号，如果非起不可，或是大家都觉得起外号也无伤大雅，那应该怎样起。

那堂班会课上，我还和大家一起说梁山上108名好汉们的绰号，黑旋风李逵，及时雨宋江，小李广花荣……每个好汉都有自己的绰号，他们还以此为荣呢，每逢介绍自己，总是连名字带绰号一起说。那么我们给别人或自己起外号，能不能学学梁山好汉的做法，结合优点，起一个响亮的让人自豪的绰号？

瞧，转念之间，"坏事"变成了好事。

总之，遇到任何事情，都不要逃避，迎上前去，总有办法解决。

怎么样，你有办法了吗？

祝好！

童小谣

2013—05—25 20:55 星期六

25. 校园心事

小谣老师好：

我是一个"假小子"，平时喜欢和男生玩，因为我认为男生比女生心胸宽广，也更幽默，而且男生知识面广，好运动。但时间长了，同学中各种议论就出现了，说我和谁谁谈恋爱，老师居然也相信了谣言，找我谈了好几次话，还威胁我不能和他们走得太近。我真是冤枉啊，您说怎么办呢？！

吉林　孟媛

亲爱的孟媛同学：

你好！

你的这封信，让我想起了我的学生小月。

小月现在初中二年级了，她在我身边读小学的时候，和你一样，就像一个假小子，头型也像，性格更像，她豪爽、阳光、能干，是我的得力助手（她是劳动委员），也是班级所有男生的崇拜对象和好哥们。我那时候也奇怪，她怎么天天和男生在一起玩啊？问到她，她说：男生大气豪爽，不像女孩子们总是因为一点小事斤斤计较，或是动不动就哭鼻子撒娇，男孩好，啥话说完拉倒，吵架了半分钟不到又都在一起了。

那时候，我的班里也有风言风语，也有孩子给我写信或是直接到我面前告状说小月和谁怎样怎样。我的办法是直接告诉那些孩子，我说我相信小月，也相信那些男孩，相信他们是纯真的友谊，并且我羡慕，羡慕他们能在一起比赛着学习，是好事。结果后来，全班的男生女生都拧成了一股绳，同学们团结向上，友好相处，那个班，成为全校闻名的好班。

相信，是最有力量的，它给了小月很大的信心不说，班里那些爱说风凉话的孩子们慢慢就觉得没意思而闭上了嘴巴。

我建议，你也要去寻找这份力量，如果找不到，我给你，可以吗？不知道，我的信任，能不能为你在心里建立堡垒？

真的，在我们求学阶段，能有一个或几个异性同学一起学习和游戏，是多么幸福和快乐的事情啊！你的同学不能理解是正常的，毕竟没有经历那么多，但是，你的老师他应该懂得并理解和支持，他现在不能理解和支持，是不是你和他之间存在误会？或者是，你没有和他解释清楚？

我建议你能和老师静心聊一聊，你要保持温和的态度和微笑，静心聊，将你的观点清晰阐述，你要让班主任老师明白：男女学生互助友爱是学习的一个方法和途径。是特别好的一个方法和途径。

老师是过来人，一定会是非分明的。

试试，相信会有效果。

做自己，并坚持，是我对你的期望！

祝好！

童小谣

2013—08—17 21：48 星期六

26. 写作文，是一件快乐的事情

小谣老师小时候有没有写不出作文的时候呢？就是对作文发愁的时候。

江西　蔡乐栀

遵命回答江西蔡乐栀小朋友的问题：

江西蔡乐栀小朋友的这个问题，勾起了小谣老师童年的回忆，闭上眼睛穿越，小谣老师回到了小时候。

小时候，在我还不认识字的时候，我就喜欢听故事，喜欢翻看带字的纸张、卡片等。我的姐姐十分疼爱我，整天背着我任我的口水流在她的肩膀上，她还给我读书，只要是有字的东西，她就负责读给我听，或是指导我应该怎样读。后来，我渐渐长大，姐姐读故事已经不能满足我，我开始四处找书自己读。

那时候，家里条件不好，买不起书，我就整天到邻居小胖家去蹭书读。小胖家条件好，村里的孩子也唯独只有他能整天不但吃得饱还能吃得好。小胖家什么书都有，是小胖的爷爷留给他们的财产，可是他们一大家子人都不知道珍惜，小胖更是，他经常将那些书撕了叠飞机玩。小胖一家也不欢迎我——小胖的姐姐喜欢花裙子，我不是观众；小胖喜欢使坏拆东西，我不是玩伴——小胖一家人看我的眼神冷冷的。后来，我只好去别处找书读，无论是什么，只要有字我就读：小人书、报纸、药盒上的说明书、墙角的废纸等等，到了谁家我都会张望，看见有字的东西，我就会饿狼一样地扑过去。现在，我看到小朋友们有那么多的书可读，又有那么好的条件可以随意读书，真是羡慕不已。

那时候，我最幸福的时刻就是过年。我幸福并不是因为过年能有很多好吃的东西，而是因为我家在年前的腊月二十几，会用我爸爸单位的报纸重新将墙面糊一次，相当于现在的粉刷墙面。我蹦蹦跳跳地在大人中间来回穿梭，赶紧看上一看即将被他们糊到里面的那张报纸——以便和后来的阅读衔接上。随后的那一段日子，我能幸福上好长时间——每天每天，我又能躺在我家火炕上，用各种姿势看报纸了。但是也有很多遗憾，有些文章丢了另一半，有些文章只有一个开头，我的爸爸不能了解我的心意，他糊墙面都是东颠西倒地，害得我那时候总是因为睡姿被我妈妈狠批——第二天，我睡觉的姿势，不是头向里就是头向东向西的，不固定。过不了多长时间，我家所有房间的墙上的文章我都能倒背如流了，包括夹缝中间的广告，包括新闻报道的记者的名字，很多字也都是那时候认识的。

在我读书生涯中，给我最大改变的是我的哥哥。他去城里读高中，用省下来的饭钱，每个月给我买一本书和一本杂志。杂志是《读者》，那时候叫《读者文摘》，书是世界名著：《战争与和平》《红与黑》……还有诗词等等，海量阅读，使我知道外边的世界原来是那样精彩。并且，从那时候开始，我成了村子里最骄傲的人——我还是没有花裙子，也不能好好地吃上一顿饱饭，可是我有那么多那么多的好书，为此，每天我都高昂着头。

因为爱读书，等到我能够用文字表达心意的时候，写作的欲望就特别强烈，爱写，喜欢写，谁也拦不住地偷偷摸摸地写（写日记），只要有空，就是写、写、写，所以，到了三年级，班里开了作文课的时候，我是班里唯一一个特别盼望写作文的学生，我的作文一定会得到老师的表扬，也一定会出乎老师和同学们的意料，后来，我代表学校去乡里参加作文比赛，我代表乡里去县里参加作文比赛，我代表县里去市里参加作文比赛……一路走来，我的心中对写作有狂热的爱。不是坚持，是爱，是它打开了我生活的另一扇窗。

所以看到你的问题，小谣老师笑了：写作文，怎么会发愁呢？那是多么美好的一件事情啊，用笔书写心中的快意恩仇，用笔表达对生活的喜爱赞美。试想，小朋友们都喜欢打游戏，可是打游戏很累的，你们感觉到累了吗？是的，喜欢，就会乐在其中，就会不觉得累了。回想我是怎样爱上写作的呢？

是兴趣，兴趣是最好的老师，到最后，它就变成了能力。在这中间，阅读是最便捷的阶梯。

对，兴趣，一定会变成能力的。这是秘诀。

童小谣
2013—08—17 21:48 星期六

27. 改变自己，世界就会随之改变

小谣老师：

我总是班级里不受欢迎的人，同学们对我的印象都不好，我很想和他们处理好关系，可我连和他们好好说话的机会都没有。

烦恼的流星雨

烦恼的流星雨：

在我十几岁的时候，我也和你一样烦恼。那时候，我很要强，班级里总是争第一，老师那里有什么好事，必须得给我，不然，我就想不通，生气，和大家闹情绪。

后来，我遇到一位学姐，我把我的烦恼和她说，我说：我很孤单，没有人愿意和我玩，大家都躲着我。是不是因为嫉妒我？是不是因为我太优秀了？

学姐笑了，她说：从今天开始，你试着去关心大家，试着去奉献，去付出，一两周之后，再来找我。

学姐的话我想了好久，我渴望朋友，我决定试一试。

赶上周一，班里要调座位，如果在从前，我必然早早到班级抢到靠着暖气的座位坐，那天，我也是早早到，可是，我坐在了过道那里，把好位置，让给了我的同桌。

又过了几天，赶到学校卫生大扫除，我专挑重活累活儿干，等到老师让班干部写"总结"，说说班级卫生情况时，作为班长的我，将全班同学如实地夸奖了一番，笔墨到了我那里，只是一带而过。

同学遇到不会的题，我主动过去给他讲；每天放学，我最后一个走，我将教室里的灯关掉，黑板擦干净，垃圾倒干净……

一周以后，全班同学都在日记里写一个题目：班长巨变。

后边洋洋洒洒地写了好多喜欢现在的我的话。还有，果然，我的身边聚集了好多好朋友。

我终于明白了：原来，从前没有人嫉妒我，也不是我"太优秀"大家不敢接近我，而是从前的那个我，太自私，太自我，我的心中只有"我我我"。

我没有再去找学姐，因为我已经懂得了：付出、奉献、真心去关心别人，就会赢得真情。并且，我还发现：当放下小我，我的精神就站在了更高处，从前的那些在意，已经变得微不足道。

我想，你的孤单可能另有原因，但不管怎样，试着去付出，试着去奉献，一两周之后，一定会收获惊喜——我们无法改变这个世界，无法让它恰恰符合我们的心意，那我们就来改变自己。

你懂了吗？

童小谣

2013—10—26

28. 过程比结果更重要

小谣老师好，在课堂上，每次的听写是我最头痛的事情，因为无论我怎么努力默词，到了课堂听写的时候，我总会身不由己。就说我最近的几次吧，好不容易听写自认为都对了，结果从一个小角落里钻出来一个红圈圈，满分听写就这么与我失之交臂了，唉，同胞啊，同胞，我怎么就写成了"同抱"呢？

今天刚学完《恐龙》一课。各位看官，我是有多冤啊！当老师在讲台上，想笑又无奈地说：哪位同学见过"筑龙"，反正老师今天第一次见。我一直在心里暗暗祈祷，千万别是我，别是我。结果领到我的听写本，恐龙果然变"筑龙"了，看来历史又被我给改写了。我知道自己经常马虎，可考试的时候有时检查了好几遍也发现不了。有什么办法,能改变我老写错别字的毛病么?

陕西　佳佳

亲爱的佳佳同学:

你好!

我将你的这个问题问我的学生,他们纷纷表示感同身受,有的孩子甚至说实例都和你的相似。看来这个问题还比较普遍,孩子们称这是"马虎"了。

可是你知道吗,我小的时候,我的老师常常教育我们:小毛病妨碍大成功,我的字典里没有马虎,马虎就是不认真。老师的话不无道理,并且,老师还告诉我们一个平时最容易被我们忽略但是又最正确的常识,就是"万事要认真"。

我班里的一个小女孩看到你这个问题说:有备无患和认真是解决这个问题的最好办法。有备无患指的是考试之前的充分复习,每个字都弄明白,比如形声字大多和它的偏旁部首有关系,有一些字形近意不同;认真指的是考试当中,要认真答题和检查,特别是认真检查,检查不出来,就说明你分心了。对,就是认真,就是用心,朱熹说过:读书有三到,心到、眼到、口到,其中,心到最急。

嗯,还真在理。

小谣老师还想告诉你一句话:成功都是留给有准备的人的,充分准备,其余的交给命运——这个准备,指的就是过程,在过程当中,充分去做,结果就一定不会错。比如足球场上,运动员一记漂亮的远程飞射,比赛场外,不知流了多少汗水;演艺台上,芭蕾舞演员旋转如飞花,可是台下,不知吃过多少辛苦⋯⋯正如老话说"台上一分钟,台下十年功",什么样的结果都离不开过程的铺陈,过程比结果更重要。我们小学生学习也是一样,平时认真细致,考试之前用心复习,考试结果就错不了,并且,长此以往,也会将自己的意志力锻炼得越来越坚韧。

所以,要想取得好的结果,必须将全部精力投注于过程,过程汗水淋漓,结局才会精彩绽放。

孩子，你懂了吗？

童小谣

2014—01—10 14:40 星期五

29. 再不回来看我，我可要长大喽

"再不回来看我，我可要长大喽。"那天听到这句话，我一下子怔住了，差一点点就哭了。

这句话是凤凰卫视主播刘海若在北京住院康复期间，她同事的女儿捎给她的口信。当时我们语文老师给我们讲起这个故事，我就想起了我的爸妈。我的爸妈多久没有回来看我了？我从记事时，就很少和爸爸妈妈在一起生活。他们要出远门挣钱，顾不上亲自带我，把我交给我姨娘。有时我想不通，为什么我姨娘一家不用出远门挣钱，一样生活得很好？我在我的姨娘家并没有受委屈，姨娘对我好，姨父对我好，姨娘家的人都对我好。我还有一个出嫁的姐姐，也很照顾我，经常把我接到她家去。姐姐不仅关心我的生活，还关心我的学习，样样事情都让着我、依着我。我比较任性，有点逆反，可是姐姐从来不跟我计较。姐姐每天上班很辛苦，回家还要照顾她的女儿。有时我也觉得有点惭愧，凭什么我还不懂事，还要给姨娘和姐姐添乱啊？

说实话，我在姨娘家里生活得比较自在，但是无论怎么自在，和在自己家里是不能比的。有时，亲身感受着姨娘一家幸福祥和其乐融融的气氛，突然之间会有一种自己是局外人的感觉。这个时候，我就特别失落，特别想念爸爸妈妈。

爸妈不回家，电话是经常打回来的。有一天，我情绪不好，在电话里连珠炮似地发问："妈妈，你知道我多高多重了吗？你知道我最爱吃什么？你知道我有没有孤单害怕过？……"

"孩子，你怎么了？"从妈妈的声音里，我能感觉到妈妈的惊讶、紧张以及不安，"你应该比妈妈矮不了多少吧？原谅妈妈不能照顾你……"

"你再不回来看我，我可要长大喽。"我打断妈妈的话，把那句感动我差点落泪的话喊了出去，也把我内心深处强烈的愿望表达出来，"妈妈，请你和爸爸留在我身边，陪伴我成长，行吗？"

我听到电话的那头，妈妈哭了。

我也哭了。

安徽东至县香隅中心学校本部403班　李娜
指导教师：苏潘云

亲爱的李娜同学：

读了你的信，我的眼泪也夺眶而出，作为一个母亲，这样的声音，更能够触动心弦。同时，我想起了我班里的同学小宪。

小宪刚出生不久，爸爸妈妈就离婚了，妈妈去了韩国，爸爸因为工作也照顾不了他，他现在已经六年级了，还一直和姥姥、姥爷生活在一起。和你一样，小宪的幸福也是满满的，他身边的每一个人都爱他，很好地照顾他，但是，有些特殊境况时，他的孤单还是让人心疼。有一次，课上我让孩子们谈理想，小宪说：我的理想是去韩国，我想和妈妈在一起……那时候我的眼泪，也像今天一样奔流不能止。

可是后来，我慢慢发现，对于小宪来说，我们的同情他并不在意，我们在他面前问话更不必小心翼翼。我问他，希望妈妈在身边吗？他说，不，妈妈回来她不会幸福，她在韩国有自己的事业，有叔叔（妈妈的新丈夫）照顾她，我的确想她，可我更希望她幸福。我将来长大了，我也要照顾她，让她过好日子。我妈妈不便将我接到韩国去，我只能靠我自己的努力将来到韩国去读书或是去工作。嗯，我一定努力。

乐观的小宪，是不是能给你一些力量？

是的，亲爱的小娜，我理解你，一个孩子，渴望父爱、母爱在身边，这无可厚非，我想说的是，在无法改变的无奈情况下，我们该怎样寻找自己的快乐和幸福。一样的问题发生了，有的人觉得不快乐，有的人觉得无所谓，自己能够承受住，其实关键是自己心里是怎样想的。小谣老师希望你快乐坚强，何况，爱是那么多，我们没理由颓废迷茫。

小谣老师将你的信读给全班的孩子听，大家都愣怔了一会儿，然后拿起笔，他们都有话对你说——

• 田宇欣：我很理解你想念父母的心情，可你想过父母的感受吗？他们长期在外地打工、挣钱，都是为了你啊！他们也很想你，他们对你的想念一定会超过你对他们，因为，母爱、父爱是最无私的。所以你应该理解他们，不要给他们增加负担，你这样说，他们就更想你了。你要学会坚强，为了你辛苦的父母而坚强。你要让他们觉得你每天的生活都很快乐，不要让他们在辛苦工作的同时再牵挂你了。

• 戚元：李娜，这个事应该这么办：爸妈在外工作都很辛苦，你也应该体谅一下他们，也可以叫他们常回来看看，或者提出你去和他们团聚。要是不行也没办法……四年级了，离开父母应该没问题吧？我一年级的时候离开了父母很长时间，也过来了，并且，什么都不受影响。

• 高宏冠禹：看了你的信我十分感动。身为同龄人，我也不想让父母离开我们，不过，你想过没有，爸爸妈妈也是为了挣钱维持这个家，即使你舍不得，父母也必须离开，他们也是为了这个家才这样的。

• 王诗予：看了这封信我很感动，爸妈不在身边，不能证明他们不爱你，不想你。"再不回来看我，我可要长大喽"，这句话深深触动了我，我相信，你一定爱你的爸爸妈妈，不要哭，爸爸妈妈此时也一定和你有一样的心情，爸妈是在外边为你打拼，让你上学，你一定要健健康康的，好好学习，不要让爸爸妈妈白努力，最重要的是你要好好的，不要让爱你的爸爸妈妈伤心！

• 邢程翔：李娜同学，我知道你很难过，长时间见不到爸爸妈妈，这件事放到谁身上都接受不了。不过你想想，爸爸妈妈为什么要出去挣钱？他们出去挣钱，还不是为了你能有更好的生活！所以你要理解父母，要听话，要好好学习、好好生活，这样他们才会很欣慰。

• 刘芮含：李娜同学，你那句话太感人了，我的眼泪都流了出来，我特别能理解爸爸妈妈不在身边时你的孤单难过，但是你要坚强，在姨夫家里要把他们当作一家人，没有爸爸妈妈在身边，你一定要坚强快乐，他们是为了你而辛苦挣钱的，请理解他们，体谅他们，你是妈妈的贴心小棉袄，你的心声，他们是能听见的。姨夫一家都在悉心照顾你，你的爸爸妈妈还在远方想着你，你被爱包围着，你是多么幸福啊！

• 高雨涵：看了你的信后我很惊讶：你竟然常年见不到你的爸爸妈妈？由于我常年都有爸爸妈妈在身边陪伴，无法理解你对爸爸妈妈的想念，看了你的信，我能够理解电视里那些因爸爸妈妈出远门挣钱而留守在家的孩子了，更能明白他们对父母的强烈思念了。我认为你可以在和父母通话时，把你的思念，你的想法告诉他们，让他们回来陪陪你。最后我想说的是，无论如何，你的父母都是爱你的。

• 常珈萌：李娜同学你好，我觉得你的爸爸妈妈挺不容易的，你非常想念他们，他们同时也是一样地非常想念你呀，甚至要比你想他们强烈得多。爸爸妈妈总是在嘴上说"你快长大吧，长大了就省心多了"，其实他们心里根本不是这么想的，他们多害怕孩子长大啊，多想永远把你当成宝捧在手心里啊！我理解你的心情，因为我的爸爸也是总出差，总不回家看我。我觉得你可以下次在电话里或者什么时候和爸爸妈妈进行一次长谈，态度要严肃一些，让他们感觉到这是一次大人与大人之间的正式谈话，你要把你的想法全部告诉他们，心平气和，不要情绪这样激烈。试试看，说不定会有用。

• 王梓馨：李娜你好，我读了你的信，心里十分感动。那一句"你再不回来看我，我可要长大喽"深深地感染了我。我和你相比，是幸福的，我的妈妈在本市工作，可我的爸爸却在内蒙古工作，每个月回来看我一次。你爸爸妈妈不回家并不是不惦记你，他们是为了赚钱，是为了你将来能更加幸福地生活。我就是这样理解我的爸爸的，我也希望你这样理解你的爸爸妈妈，遇到事情换一个角度来想，我们就不难受了。

• 罗姝迪：没事的，妈妈经常给你打电话，就说明他们非常爱你，工作忙脱不开身，你要多理解。他们这样辛苦工作，就是想你生活能更加好，你要多和爸爸妈妈沟通，就不会孤单了。

• 张行：不要难过，你要坚强，你的爸爸妈妈一定会来看你的，至少你比孤儿强很多。你现在要做的就是不要让他们担心你。

• 黄橡博：爸爸妈妈不在身边时，你孤单难受的心情我可以体会到，我也有着和你相似的经历。我的妈妈天天在我身边，但是我爸爸不在，他隔两年才回来看我和我小弟一次。我妈妈很辛苦，带着我们两个淘小子过日子。但是我不伤心难过，因为我知道我的爸爸爱我们，这就足够了。我希望你也能这样，知道他们心里有你，不回来是有他们的不得已，这样就可以了，父母和孩子的心相连，还在同一片蓝天下，就很幸福了。

• 孙玉娇：看了你的这封信，我的心里酸酸的。我很想对你说："其实，有些时候，爸爸妈妈可能会太忙，顾及不到我们的感受，但我们要理解他们。"有一段时间我的妈妈总是出差，爸爸每天接我回家，就对着电脑工作，在那段时间里，我的感受和你一样，我总是在想：爸爸妈妈为什么不能像别的家长一样陪在我身边呢？但后来，我和妈妈进行了一次长谈，妈妈也表明了这样做的原因，原来，爸爸妈妈这样做全是为了我好啊，他们想让我以后有更好的生活。通过那次长谈，妈妈也理解了我，她给领导递交了申请，现在，妈妈终于能每天都可以陪在我身边了。

• 李歌宁：你的经历和我的经历是一样一样的，我的爸爸妈妈也一样常常不在我身边。我是奶奶带大的，这种没有爸爸妈妈陪伴时的孤独感觉是最痛苦的……我时而翻翻小时候与爸妈的照片，那时候的生活是真美好啊，爸爸妈妈都陪在我身边，我们一起出去玩……而现在，唉，同样的境遇，同样的女孩，咱俩拥抱一下吧！

• 李施璇：李娜，现在你的爸妈回来了吗？如果他们回来了，我替你高兴，如果没有，给他们写一封信吧，告诉他们你的想念，让他们回来，他们会为你回来的。在信里，你要告诉他们你的身高、体重、喜欢吃什么……还有那句让你最感动的话。

• 郭核：我理解你的感受。从前，我的爸爸妈妈也不经常回家，但是有一天,我和他们倾诉了我的感受,从此,他们也就经常回来了。

• 梁鸿元:李娜同学,你好,我也是一名小学生,我的父母几乎从未离开过我,所以我读了你这封信后,我都不知道该对你说点什么,我从未有过这种感受,但我知道,这不快乐。但是,也请你为爸爸妈妈考虑一下吧,他们为什么外出工作?还不是为了孩子。是,这样做难免苦了你,但还是请你理解他们。

• 张济川:李娜,我也有过那样的感受。今年寒假我和爸爸妈妈去海南,由于工作原因,他们提前回来了,我自己孤单地和姥爷还有其他的亲人在一起呆了一个多月。虽然我知道他们很爱我,但和你一样还是觉得自己好孤单,我挺过来了。你要加油,你一定要坚强,你的父母一定会回来看你的。

• 李秉宪:亲爱的李娜妹妹,"你再不回来看我,我可要长大喽",听到你说出这句话之后,我也是稍微怔了一下,或许是同病相怜吧,我深深理解了你的心情,因为,我的过去几乎和你一样,不过我还有一个弟弟陪伴在我身边。或许我和你也有不一样的地方吧,虽然说我的父母不能在我身边陪伴我,但他们有的时候会来接我陪我出去玩,这一点小小的不同,让我感到了温暖。可能你已经知道了,你的父母都是为了你才离开,我希望你快乐,希望你坚强,天下没有不散的筵席,但是也不是没有聚合之时,不是吗?

童小谣
2014—02—22 20:29 星期六

30. 也许,你们根本不懂我

时间过得很快,一眨眼就流逝了,而就在这流逝的时间里,你又在干什么呢?

当我早读时看着你,我不张嘴,也许,你会觉得我不认真早读,其实不是那样,这是一种思考,眼神可以看透一切事物,老师,你也许真的不懂我。

在我刚开学的这一周里,我无论多么努力都不被你放在眼里,你叫我的那声"那个男孩",使我的心瞬间凉透了,我不哭,也不笑,我看着你,你却不再看我。我知道你那是随口一叫，你并不会觉得这有什么，我也会尽量掩盖住我的沮丧，我不需要用眼泪来获取别人的同情，我只是想做好我自己，做好我自己，难道只一点都不行？老师，你根本不懂我。

当我在你们的面前，那好似灿烂的微笑会让你们感觉我很快乐，但那可能吗？你们一直把我当小孩子看待，觉得我没有长大，没有成熟。其实并不是，我不想把那一面表现在你们面前，我只想装着快乐，装着没有烦恼，装着不伤心，假装自己一切都很好。但你们永远不会知道，我心底埋藏的一个又一个的痛楚。爸爸妈妈，你们根本不懂我。

长春　小许

小许同学：

有一次听讲座，一位六十多岁的老班主任，我们叫她霞姐，她讲述了多年前接班时的一个故事。

班里的一个女孩，在她接班后的一学期里，学习成绩突飞猛进，后来考上了一所名牌大学。霞姐很喜欢这个孩子，经常找她聊天，慢慢地，女孩道出了从前成绩不好的原因——我原来的班主任不喜欢我，瞧不起我，我一看见她就害怕反感，所以不喜欢学习。霞姐一听很震惊，赶紧细问原委。女孩说，开学好久了，班主任从来没有叫过她的名字，也从来没有提问过她。有一次，班主任走到她身边，她的心"怦怦"直跳，班主任却敲敲桌子眼睛看都不看女孩继续遥视远方并用手指着女孩同桌问：他呢？女孩很受伤，从此，封闭了自己，不再举手发言，更不愿意接近老师和同学，她总是觉得，老师对她有偏见，看她的眼神像刀子，她总得想着法躲避。霞姐更加震惊了，因为她了解女孩的原班主任，那是一个好人，虽然不是热情开朗型，但对学生很关爱，也经常帮助学生，怎么都看不出她会莫名其妙歧视学生，对学生不好。霞姐找这个班主任聊天，询问班级情况。提到那个女孩，原班主任摸摸脑袋：她嘛，没什么特点，成绩不突出，但也不调皮捣乱，总是默默无闻地坐在班级角落里，属于中间段，属于不用老师操心的乖孩子。嗯，没什么特殊的。

瞧，事实就这样被蒙蔽在不沟通的一层薄纱中，于是所有人都在想：假如没有遇见霞姐，那个女孩的人生会是怎样呢？怨恨、自弃，或许永远找不到自信而自卑下去？是的，班主任老师对学生缺少关心是不对的，那么女孩自己呢？她对自己负责吗？老师真的不喜欢她吗？老师的眼神像刀子是不是严厉的另一种表现？那天询问同桌去哪儿了看都不看她一眼，是不是赶巧她正盯着一个偷瞧课外书的男孩的脸？

小许同学，你的忧伤我也有些不懂。不懂你早读课为什么不张嘴，你凝神思考的样子在老师看来就是溜号发呆，怎么解释都好像和学习不靠边；随口叫"那个男孩"，我有时候也那样做但那是一种爱一种调侃，你的老师是不是也和我一样？我更不懂你的快乐和烦恼为什么要装出来，老师和爸爸妈妈是你最亲爱的人，和他们敞开心扉沟通做朋友不好吗？他们真的不在意也看不到你的努力和进步的样子吗？你试着去寻找过答案吗？从你的信中我看出，你没有！和霞姐故事中的女孩一样，你只是在自己的想当然中幽怨着自卑着抱怨着，如果你能遇到霞姐那样的班主任最好，遇不到呢？永远这样吗？其实，事实是什么并不重要，重要的是它在我们心里什么样。不沟通，不换位思考，让彼此都不懂。

小许同学，你正在修炼一颗"玻璃心"。

现实生活中，一般家庭大多是独生子女父母带着独生的孩子，物质生活富足，孩子却好多都有一颗玻璃心。敏感，脆弱，受不了生活中的一点点挫折和打击，别人的一句话一个眼神就能让他遍体鳞伤，在旁人看来无所谓的一点小事，总会被他们当作"不快乐""郁闷""受伤"的源泉，他们每天都背着自己打造的十字架小心前行，直至最后遇到某一点，被彻底击垮。小许同学，你懂得你自己吗？

有一则寓言故事我们都熟悉。

一位老妇，她有两儿，一儿卖瓜，一儿卖伞，老妇却整日忧心忡忡，雨天她担心大儿的瓜不好卖，晴天她担心二儿的伞不好卖。有一个人点醒她：你为什么不换位思考呢？从此，老妇整日喜笑颜开。小许同学，你也试着换位思考下吧,和大人主动沟通,去了解和理解别人,你的内心,也真正地阳光快乐起来,这样试试,看事情会不会发生改变。

重要的,是你自己!

童小谣
2015－2－9

31. 求神不如求自己

不知为什么,我一遇到考试就很害怕,很紧张。我真怀疑自己是得了"考试恐惧症"。爸爸说不用紧张,叫我考试前出去放松一下,呼吸一下新鲜空气。每次考试前,我都按着爸爸的方法去做,可是到发卷子时,我还会紧张起来,所以总是考不好。小谣老师,你能帮帮我吗?

苦恼的黄宁

黄宁同学:

你让我想起了我的一些学生在考试前的各种状态。有的满不在乎,有的埋头复习,有的就和你一样,双手合十,抵在鼻尖上,闭着眼睛,我估计他们在暗暗祈祷:万能的神啊,帮帮我吧,帮我考试顺利过,帮我取得好成绩吧!呵,这感觉你熟悉吗?

考试紧张,小谣老师觉得主要是两个原因:一是压力过大,这个压力来自周围人,比如你总是第二,总第一的那个同学就会给你带来压力,你想超过他,爸爸妈妈和老师也总是拿你和他比较,"你看人家孩子……";第二就是平时你的准备不足,英语单词还没有背好,古诗词也不能都准确默写出来,数学知识的掌握还存在盲点……一科一科就这样在脑子里闪过,自信,也就瞬间瓦解。

有一次我在班级提到了同学们"求神"的故事,我的学生小丽说:"求神不如求自己,你平时上课认真听讲,课后认真写作业,考试前再用心复习,不信考试成绩不理想,换句话说,如果够努力,又准备充分,即使考砸了也无所谓嘛。"

是啊，如果准备好了，考砸了又能怎样？总结经验下次再来呗！别说只是平时的一次测验，就算是高考，也就只是人生的一次经历而已。过程，永远比结果更重要。但不努力还想结果好，哪一位明人的成名史都不是这样写的。

有一则寓言，说一只山猪每天都在大树旁磨牙，狐狸见状很好奇：现在没有猎人追赶，也没有任何危险存在，你为何还要这样勤奋磨牙？山猪说：等到危险来临，我哪还有时间磨牙？现在磨砺，等到用的时候，就不会紧张了。瞧，未雨绸缪才会防患未然，平时的准备有多重要。

所以小黄同学，别总是担心考试考不好了。你更多的心思，应放在平时的努力上。有一句话很励志：你若盛开，蝴蝶自来；你若精彩，天自安排。我们将现在作为一个起点，从现在开始就和从前不一样——多向同学取经找学习方法，多读书储备知识，合理安排作息时间，科学用脑，该背的背，该默写的默写，每一分钟都不让它浪费掉……我不信结果会比现在糟。到那时，不用出去呼吸新鲜空气，也不会紧张了。

世间没有救世主，求神不如求自己！

童小谣
2015-2-17

后　记

童年的歌谣

周晓民

我想写的，其实和童年无关，如果一定要联系童年，也是和我女儿的童年有关——因为现在就是她的童年。我实在是想写一个人，天涯博客"雪的墙"的博主，她是《水晶一样的世界》的作者，女儿班级的最高领导——班主任兼语文老师童小谣。

一直以为作为几十个学生的班主任，同时还要教班里的语文课，天天备课，批作业，管理班级，还得兼顾家庭，不定得忙成什么样子呢！可是每次看到的她，都是眼神清澈，笑容亲切，穿着永远那么漂亮得体，精力总是那么充沛，没有一丝疲惫，让你感到神清气爽，耳目一新。

小谣管理班级很有她自己的方法。班里虽然学生多事情杂，但是她从不事必躬亲，能放手的就放手交给她的得力助手——小班主任、班长和其他班委会成员去做。就连开班会，都是班里的班干部自己确定主题，自己主持开会，她只坐镇旁听。也许你会想：这么管能行吗？这样是不是对班级和学生不够负责啊？不是的，她爱她们班的每一个孩子，在她的眼里，没有好孩子和坏孩子的分别，都是天使。每个孩子的情况她心里都非常有数，哪怕有一点点的异常和变化，她都会及时处理，或表扬或批评或谈心，必要的时候还和家长沟通，交流近期的表现情况，再对症下药。事实证明，这种管理方法不但行，而且行之有效，很有推广价值。因为她的心血换来了一批公认出色的学生,也换来了学生对她深深的爱戴。就说我女儿吧,原来什么事情都得跟着经管,这两年的变化就非常大,表达能力和处理问题的能力明显增强,也越来越懂事,学习基本不用我们操心,自己也主动练琴,还能和我们像大人一样交谈,而且心态超好,能正确对待困难和挫折。神奇吧。

我的印象里,小谣只有两个乐趣:一个是教学,培养她的孩子们,另一个是写博客。一个是专业的,一个是业余的,业余的也基本做到专业的水平了。如果说学校是她的前院,那天涯博客就是她的后花园,她每天的生活轨迹基本上就是前院到后园,后园到前院,反正就是房前屋后地转,而且忙活得不亦乐乎。

她博客里的名字叫童小谣,看到这个名字,总是让我情不自禁地想起童年,以至把她的真名——吴立杰都忽略了,所以我就把这篇文章叫童年的歌谣了。

她博客里的主角,大多是她班的孩子们,事情也基本都是班里发生的事,她的博文行文简洁质朴,深情感人又不乏幽默,读她的文字就像她坐在对面和你聊天一样,娓娓道来,如一条小溪快乐地流淌,间或撞到大的小的鹅卵石,激起些许美丽的浪花。班里孩子们的一言一行都会出现在她的笔下,可爱的,调皮的,哪个孩子进步了,哪个孩子需要重点关注,哪个孩子说了哪些可笑的话,班里发生了什么可笑的事——字里行间都透露出她对孩子们那种发自内心的浓浓爱意。她在博客里精选出一些关于孩子们的精彩博文,又加进一些班里孩子的优秀作文汇编成书,已经出版,叫《水晶一样的世界》,很受欢迎,尤其是受到了孩子和家长们的欢迎。

她经营她的博客很尽心,不管工作多忙,回来多晚,都要上她的博客,不写什么也要看看,看看朋友们是不是给她留言了(这个其实是我猜的,哈)。她的博客很是有一批粉丝的,而且不少都是知名的作家,看他们相互或调侃或认真的留言,还真有些"谈笑有鸿儒,往来无白丁"的意境呢。

从2005年开博到现在,小谣的博客总访问量已经超过200多万,够专业了吧。她博客的地址就在我的电脑收藏夹里,一点就可以看了。工作之余,看她的文字是一种享受，就当和她聊聊天儿，可以了解一下女儿和她们班的近况，也可以放松一下心情。

小谣虽然工作繁忙，生活却一点也不肯含糊，对家庭也一点也没有忽略。在她的博客里，你会强烈地感受到他们三口之家那相亲相爱的家庭气氛。难得她把自己的每个角色都诠释得如此精彩——学校里是好老师好同志，还是孩子们的好朋友；在家里是好妈妈好妻子，好女儿好儿媳。更难得的是她并不觉得累，而是游刃有余，乐在其中。看她那小小的身板，真不知道里面到底蕴藏着多少能量呢！

哈哈，不说了，她身上的故事太多了，如果有兴趣，大家就去她的博客看看吧。作为她学生的一个家长，我真的觉得女儿挺幸运的，有这样的一个朋友似的老师。也不知道她有没有把我当成朋友，反正我是把她当做朋友了，好朋友。大家相信我，把她当成朋友肯定不是因为她是美女，虽然她的确是美女。